きみの同心円《どうしんえん》がたどりつくその先へ

管啓次郎《すがけいじろう》

まず、どこでもいい、少しだけひらけた場所に行ってごらん。そこでひとりで、ぽつんと立ってごらん。地面のずっと下のほうから、一本の見えない線がきみをつらぬいて、ずっと頭の上のほう、空までつづくことを想像してごらん。この線はだれにも平等に与えられているはずだ。

ついで、きみのまわりに円が描かれるのを想像してみてほしい。最初は小さな、半径1メートルくらいの円だ。中心にきみが立っている。

その外にさらに大きな円、その外にさらに大きな円。きみが成長するにつれて、円はどんどん大きくなる。きみの町や村を呑《の》みこみ、きみの暮《く》らす都道府県を呑みこみ、日本も、東アジアも、すっぽり入るくらいの大きさになっていく。行き着く先は……そう、地球だろうね。

ぼくらはだれでもそんなふうにして、想像の範囲《はんい》をひろげながら生きてきた、生きている。中心にいるのはきみ自身、だれもそれに代わることはできない。知り、考えるのは、きみ自身。ということは円が大きくなればなるだけ、きみがその範囲を考えることにも責任が生まれる。こうしてぼくらは、自分が住む土地の、地方の、国の、おおげさにいえば「思考の歴史」に参加している。

そう、参加しているのだ。選ぶか選ばないかにはかかわらず！ きみのまわりをよく見てごらん。野原や川は、どんなようすだろう。山や海岸は、どうなっているだろう。そこにニンゲンたちはどんな住み方をしているだろう。他の生命、つまり植物や動物や菌類《きんるい》を、どんな目に合わせているだろう。

いま「現実」として目に見えているすべてのものは、もともとだれかが「想像」したものだ。その想像には、良い想像も悪い想像もある。しかしいまそれらはかたちをとってしまった。あまりよくないかたちがあると思ったら、別の方向にむかわなくてはならない。そのためには別の想像をはじめなくてはならないだろう。みんなが「あたりまえ」だと思っていることを断ち切って、新しい風や波や命を呼びこまなくてはならないだろう。

同心円の中心にきみがいるんだ、とぼくはいった。世界のどこに行こうと行くまいと、きみ自身の中心にはきみがいる。でも誤解しないでほしい、それはきみが自分の都合でなんでも好き勝手にしていいということではない。逆に、きみはきみをとりまくすべてに反応し、語りかけ、考える、それだけの仕事があるということだ。

ニンゲンがつくるあらゆるグループは、学校や会社でも、国や世界でも、すぐに中心と周辺をつくりたがる。力の強いものがすべてを独占し、弱いものを泣かせ、奪《うば》う対象とする。じつにいやなことだがほんとうのことだ。物を奪い、すみかを奪い、時間を奪い、さらには命を奪う。ニンゲンの歴史はつねにそんなことを大規模《だいきぼ》にくりかえしてきた。いまだってそうだ。ただ多くの人はそれを見て見ぬふりをし、あるいはほんとうにまるで気づかず、自分のちっぽけな生活が何を犠牲にしてなりたっているのかを考えることもしない。

小さなこどもは目先のことしか頭にないし、昨日のことも明日のことも考えないだろう。でも、外見上はりっぱなおとなでも、やはり目先の損得《そんとく》しか頭にないし、十年前のことも百年後のことも真剣《しんけん》に考えない人はたくさんいる。しかし「考える」ことは必要だ。それは決意の問題だ。「考える」ということはそれ自体が反抗《はんこう》であり、異議《いぎ》の申《もう》し立てであり、とんでもなくまちがっててんでなっちゃいないことを少しでも正し、命が息づくための自由な空間をひろげようとする努力だろう。別の名で呼ぶなら、それは愛。世界に対する愛 amor mundi なんだと思う。ラテン語を使ってごめん。だが気にするほどのことじゃない。

山内明美さんの『こども東北学』を最初に読んだとき、ぼくはあちこちのページで「ああ、ほんとうにそうだ」とうなずきながら、自分がそれまで思いこんでいた世界、それに覆《おお》いかぶさっていた霧《きり》がさっと晴れるような感覚を味わった。それできみにもその感覚を体験してほしくて、いまこうして文を書きはじめたというわけ。たとえばこの段落《だんらく》を読んでみてほしい。

それでもわたしは、どんなに長い時間がかかっても、安心して農業や漁業ができる「東北」の土と海を回復することが、なにより大切なことだと思っている。土と海は、わたしたちだけのものではない。未来へ引き継ぐ大事な「財産」だと思うからだ。それは、お金に代えられるようなものではない。（82ページ）

いきなりこの段落を見せられても「え、どういうこと？」と思うかもしれない。でも本の中盤《ちゅうばん》にあるこのことばに行きつくまでの考えの流れを体験したあとでもういちど読めば、これは「**ああ、ほんとうにそうだ、ほんとうにそうだ！**」と思わず声に出していいたくなる一節《せっ》だと、わかってもらえると思う。それでは土と海の回復とは何？

この本はもともと二〇一一年三月一一日の東日本大震災の途方《とほう》もない衝撃《しょうげき》の直後に書かれた。大地震と大津波に打ちのめされた土地を原子力発電所の事故がおそった。もともと非常にむりのある施設で、飛《ひ》散《さん》した放射性物質はその周囲の山野や海をことごとく汚染した。いや、過去形ではなく、それはいまもつづいているし、これからもいつ終わるとはいえない未来にまでずっとつづいてゆく。この土地のすべての生命に、確実な影響《えいきょう》をおよぼしながら。

多くの人が亡くなった。住民は住んでいた土地を追われた。いったいどうしてそんなことが起きたのか。「東北」はなぜこんなに傷《きず》つかなくてはならないのか。そもそも「東北」を「東北」と呼んだのはどういう者たちなのか。「日本」を成立させているどんな力が、「東北」

に傷を強いているのか。

　あらゆることには理由があり、そこにいたるまでの歴史がある。それはあたりまえのことだ。それを理解しようと決意したとき、知識を求め考えをすすめるという冒険《ぼうけん》がはじまる。その冒険はファンタジーとしての冒険ではない。この世界を別のかたちで想像し、その想像を現実化していくための、地道で手応《てごた》えのある冒険だ。

　山内明美さんの考えにたしかな手応えがあるのは、それがあくまでも彼女自身の生活の実感、南三陸の土地で育った経験にもとづいて組み立てられているからだろう。近代の日本が発展していくにあたっての食糧《しょくりょう》と兵士、労働力の供給源《きょうきゅうげん》であった東北。産業の都合にふりまわされ、人々が生き方をそれに合わせて変えなくてはならなかった東北。米作りを強いられながらも、くりかえし凶作《きょうさく》におそわれた東北。こどもたちが捨てられた東北。

　土地に眠るいくつもの「傷つき」に打ちひしがれつつ、それでも「故郷は未来にある」と力強く記す山内さんにみちびかれて、たぶんきみがこれまで考えたことのなかったいくつかの事実と問いを、ぜひ考えてみてほしい。それは他人ごとではない、きみ自身のために必要な作業なのだ。きみときみの心の amor mundi のために。土と海と、そこに生きる（ニンゲンだけではない）生命の生存のために。ぼくらの故郷は、「日本」の「近代」がまるごとの生命に強いてきたいろいろなムリを考えなおす、その先にしか、たぶんないのだから。

こどもになろう。小さな円から出発しよう。そのすぐ外に、きみがまだ何も知らない「東北」がひろがっている。

増補新版

こども東北学

山内明美

よりみちパン!セ

流れる雲
田んぼ
いっぱいの空

めぐみの海
わたしの
うまれたところ

稲はなみ
ぎんがぎが

しんしん
しんしん
銀色の宇宙

増補新版

こども東北学　もくじ

第五章　将来の〈東北〉　121

増補新版

こども東北学

はじめに　東北学ってなんだ？

この本のタイトルで、あえて「東北」という言葉を使ったのは、それがちっとも、自明のものではないからなんだ。「東北」とはなにかを、じつはだれも知らないし、そもそもだれひとりとして「東北」というものを見たことがないんだから。

「まん中」はどこにある？

この本のタイトルは『こども東北学』。こども向けの東北学の教養書みたいなふれこみだ。だけど、東北学ってなんだろう？　って思うひともすくなくないと思う。日本の東北地方のことを知ることとか？　って思っているひともいるだろう。そうすると、東北地方以外の地域に住んでいる人は「べつに関係ないじゃん」って思うかもしれない。東北学って、日本の東北地方のことを知るという側面もあるけれど、でも、じつはそれだけじゃないんだ。

東北学の範疇《はんちゅう》には、もうちょっと大事なことがある。それは、突飛《とっぴ》に聞こえるかもしれないけれど、とりあえず「まん中じゃないところにも目を向けてみよう」、もっというと「ほんとうに、まん中なんてあるのかな」っていう問い直しの志向さえあるんだ。

ここでの東北学は、だから、世界中に偏在《へんざい》する〈東北〉ついて考えることでもある。社会がどんな仕組みでつくられ、動いているのかを、自分の目で見て、考えることだ。

それは、もちろん日本の東北地方のことを考えることでもあるし、もう少し北へ目を向ければ北海道やアイヌ民族のこと、南へ目を向ければ、沖縄・琉球、小笠原諸島や日本をとりまく島々、それから歴史の中の東アジアや南洋群島といった植民地のこと。差別の問題や飢饉《ききん》の話、貧困の話も。そして、きみたちのような、こどもや若いひとたちの話も大切だし、女性やお年寄り、そして障がい者の話にもつながってゆくだろう。

そんなわけだから、「東北学」という名前はついているけれど、ほんとうは地理学的な、東北地方のことだけをテーマにしているわけではないってことなんだ。こういうことをひとつひとつていねいに考えることは、今回起こった原子力発電所の事故を引き起こした社会の構造それ自体の深刻《しんこく》な問題について考えることにも、じつはつながっていく。あるいは、放射能汚染《ほうしゃのうおせん》が広がったことで、被爆《ひばく》に対する差別的なできごとに向き合っていくための手だてを考えるきっかけにもなるだろう。社会の複雑な仕組みを〈東北〉という場を起点として、自由にものを考えてみようっていうのが東北学なんだ。

そもそも、都会と田舎というのは、べつべつに存在しているわけじゃない。みんなも知っていると思うけれど、とりわけ東京の町々は、地方からの大量の「移民」によってできあがったともいえる。都会は、田舎がつくったといっても過言ではない。それは、たとえば、福島の原子力発電所のことを考えても同様だ。東京で使用する電力は、福島県でつくられていた。そのことを、今回の原発事故が起こるまで知らなかったひともたくさんいただろう。

もちろん電力だけではない。毎日食べている、お米や魚、肉、野菜……都会で暮らしているひとびとの食糧《しょくりょう》は、いったいどこでつくられているのだろう。

人間の生活は切れ目なく、どこまでもつながっている。

架空《かくう》の場所、幻想《げんそう》の呼び名

いうまでもなく、東北とは本来、方角をしめす言葉だ。そして、北東とは、鬼門《きもん》でもある。陰陽道《おんみょうどう》では、とても不吉《ふきつ》な方角らしい。

とりあえず、この本の中で東北と書くときは、いわゆる東北地方という意味に、かぎりなく限定することにしよう。

三月一一日の震災以来、メディアにひんぱんに登場することになったこの名称《めいしょう》だけれども、やはりそれでも、「東北」というかたまりの文化圏《ぶんかけん》や言語圏が存在するのか、というと、やっぱり、それはちがう。青森県には津軽地方と南部地方があって、さらにそれぞれの中にも、独自の地域色を持っている土地が存在する。あるいは、福島。福島県には浜通り、中通り、会津地方という三つの地域があって、それぞれに言葉も気候風土も異なっている。もっと細かく見れば、会津地方には城下町の会津と、奥会津がある。会津と奥会津では、自然のありようが里山と奥山ほどにも異なっているし、冬の積雪量だってちがう。また、戊辰戦争《ぼしんせんそう》の戦場になった会津、お隣《となり》の自由民権運動の舞台になった喜多方では、これまた文化のおもむきがことなる。それぞれの地域での祭りのやりかたや作法もまた、さまざまだ。山形や秋田、岩手や宮城も同様で、ことにそれぞれの土地の内陸と沿岸部《えんがんぶ》では、食べものや日々の暮らしかたも異なる。だから、「東北」は、ひょっとすると架空《かくう》の場所なのかもしれない。「東北」という場所は、存在しているようで存在していない。幻想《げんそう》の呼び名。

そこに住まうひとたちにとって、「東北」という呼称《こしょう》は、とてもぎこちないものだ。すくなくとも、三陸で育ったわたしにとっては、ぎこちないものだった。自分のことを「東北出身です」ということは、まずない。出身地と形容するには、「東北」という場所は、あまりに広すぎるし、多様だ。もっとも、それは関東だって関西だって、九州、四国だって、目を凝《こ》らせば、その内側は多様なのだと思う。

そして、よくよく考えてみると、自分が住んでいる場所なのに東北と名指されるのは、とても奇妙《きみょう》なことだ。自分がここに住んでいるのに、東北と言われる。だれだって自分のいる場所が中心になっているはずなのに、「あなたのいる場所は、あちら側」と言われている気分。妙な感覚だ。もっとも、そこまでじゃなくても、東北という呼び名の向こう側にいつも「まん中」が透《す》けて見える、というふうにぼんやりとでも感じたことがあるひとは、意外に多いのではないだろうか。

いや、このことは東北にかぎったことではなく、さまざまな地名をめぐっては、歴史的な根深い問題がついてまわる。たとえば、「日本」という呼び名には、「日が昇る場所」という意味があるが、そのメッセージじたいが、中国へ対する、自意識の表明でもあった。どういうことかといえば、古い時代を遡《さかのぼ》れば、この列島は、華夷秩序《かいちつじょ》という中国を中心にした覇権《はけん》の中で、東夷《とうい》（東の野蛮《やばん》）に位置づけられていたという歴史があったということだ。「日本」という呼び名は、中国へ対して、そんな柵封関係《さくほうかんけい》、つまり上下関係に対して、「ここは辺境ではない」とみずから表明したと考えられる。

地球は丸くて、どこがまん中なんて決められないはずなのに、国と国、地域と地域の間の力の強さで、地理的な力関係が形成されていく。そしてそれが呼び名や地名に反映された。「まん中」を意識して名ざされた地名たち。

「裏日本」という呼び名もどこかで聞いたことがあると思うけれど、「東北」の場合もそのように位置づけられることで、ここに住んでいるひとたちの精神性や身体性といったものは、なにがしかのかたちで「まん中」にこだわることを余儀《よぎ》なくされ、まん中に呪縛《じゅばく》させられてきたのかもしれない。そんなことを、きみは、考えたことがあるだろうか。東北にとっての東京。あるいは国家というレベルでの、日本にとっての中国。この本では、直接には触れないけれど、力を持った地域と下位に位置づけられた地域の間での、おたがいの地域主義や愛国主義がぶつかり合うことで生じるさまざざまな問題とそれらは無関係ではない。

もっと率直にいってみれば、都会と田舎《いなか》、先進地と後進地という、ふたつの際立《きわだ》った対立軸《たいりつじく》があるということだ。もっとも、最近はそれは、もう少し前向きな意味にとらえられることが多いのかもしれない。たとえば、東北の場合は、「古き良きなつかしさ」とか、「日本のふるさと」とか、つまり、むかしの風景や自然といったノスタルジアの中で語られたりする。「東北」って、田舎を意味する代名詞みたいな顔をしている。良くも悪くもね。

この本のタイトルで、あえて「東北」という言葉を使ったのは、じつはそれが、こんなぐあいにちっとも自明のものではないからなんだ。「東北」とはなにか、をだれも知らないし、そもそもだれひとりとして「東北」というものを見たことがないんだから。

地理的な序列の中で、「東北」や「日本」という呼び名がつけられてはいるけれど、その呼び名が、ここではないどこか「別な場所」を起点に考えられているということを、一度は考えてみてもいいかもしれない。

第一章 自分がここにあるということ

村のコミュニケーションには、なにか始末に負えないできごとが起きると、「狐《きつね》」が出てくる。お茶飲みをしているおばあちゃんたちが、まじめな顔をしてそんな話をしているのをときどき聞いたけれど、そのたびにとても不思議な気持ちになった。

足もとの歴史

明治の開国。国家増強と、中国や朝鮮半島、南洋の国々へおよぶ帝国の拡大そして戦争……。めまいがするような近代日本の歩みだ。近代国家の富国強兵政策《ふこくきょうへいせいさく》は、強い国をつくるために、国民の養成、食糧増産《しょくりょうぞうさん》、近代技術の革新《かくしん》をつぎつぎに成しとげていったけれど、いっぽうで、そこに動員されていったひとびとや、戦地での殺戮《さつりく》、兵士と食糧の供給地だった地方の農村のことなどは、ちいさな物語ていどにしか語られてこなかった。

歴史は、なにも強く輝かしく語られることや、むずかしいむかしの書物や教科書の中にだけあるのではない、とわたしは思う。それは、自分がいま生きている足もとにもたくさん転がっているはずだ。どんな時代に生きるひともみな、時代の流れや自然の力の中で生きてきたのだ。

にもかかわらず、わたしたちにつながるひとびとの生きざまがどんなだったかを、ほとんど知ることなく、わたしたちは、いま／ここだけを生きている（つもりになっている）。けれども、ときには自分のいちばん身近なひとのことを思い出してみることだって、必要なことなんじゃないだろうか。

戦争を生きたわたしの祖父も、時代に翻弄《ほんろう》された人生を送ったひとだった。

狐《きつね》に化かされたじいちゃんのはなし

「じいちゃん、氏神様《うじがみさま》の前さ寝でだどー」と隣家のつや子さんが知らせてくれる。鬱蒼《うっそう》と生い茂る杉木立《すぎこだち》に囲まれて、ぽっかりとあいた空間に、氏神が祀《まつ》られている。氏神の前で、アルコールを浴びるほど飲み、眠る祖父がいた。母とわたしは、氏神の祠《ほこら》へ行って祖父を起こし、脱ぎ捨てた衣類とサンダルを拾って連れてくる。いつものことだった。

こんなわたしたちの姿を見て「じいちゃん、狐に化かされたなぁ」と近所のおばあちゃんがささやく。わたしは「じいちゃんは悪くない、狐が悪いんだ」と思うことで、どこかホッとした気持ちになれた。祖父の気のふれたような行動の原因を、狐がそっくりそのまま山へ持っていってくれたような気がしたからだ。

「狐に化かされる」ということが現実にありうるのかどうか、容易《ようい》には信じがたい。しかし、わたしの育った環境の中では、なじみ深い言葉だった。村の枠組みの内部で生きることは、ときに苦痛を伴《ともな》う。村社会の中で長い時をかけて培《つちか》われてきた「狐に化かされる」という言葉には、「まとも」から外れてしまった人間をも優しく包み込んでくれる不思議な力が備わっている、そんな気がした。もちろん「狐に化かされた」人間は、気の毒がられるか冷笑されるかのどちらかなのだから、その言葉が多分に差別的で残酷《ざんこく》な響きを持っているのは否《いな》めない。村社会のコミュニケーションは、たとえばこんなふうに、優しさと残酷さを巧《たく》みにあやつりながら成立してきたのだと思う。

からだを壊《こわ》すほどにアルコールを飲み、氏神の前で突っ伏す祖父の姿——いま思えば、あれは、ひとりぼっちの人間がおちいる、なだらかな自殺行為であったのかもしれない。

祖父を思い浮かべるとき、いつもわたしには、いまいましく暗いイメージがまとわりつく。わたしの両親は、わたしたちこどもの前では言葉にこそださなかったが、晩年の祖父の姿は、あきらかにアルコール中毒者のそれであった。

長身の祖父はふだんは居丈高《いたけだか》であったが、酒気《しゆき》を帯びて、骨張ったからだが千鳥足《ちどりあし》で歩を進めるようすは、まるでかかしのぎこちない行進のようにたよりないものだった。わたしの記憶の中には、いつもそんな酒浸《さけびた》りの祖父の面影ばかりが立ち上がっては、消えていく。友だちが家に遊びにきたいといった日、学校の先生が家庭訪問に訪れる日、わたしが酒浸りの祖父に過剰《かじよう》なほど神経をとがらせていることを知っていた母は「じいちゃんは何とかうまくやるから」と言って、ランドセルをポンと叩《たた》きながら、わたしを学校へ送り出すのだった。

酒は家中のいたるところに隠されていた。弟とかくれんぼをしていて、縁の下で一《いつ》升瓶《しょうびん》やウィスキーをみつけたのも一度や二度ではない。みつけると、父がすぐさま処分してしまう。父との酒の争奪《そうだつ》に破れるたび、祖父は悔《くや》しまぎれに「俺をアマスナ！」という怒声《どせい》を父に浴びせかけるのだった。こどものわたしが「余すな」（のけ者にするな）という言葉の意味を知ったのは、ずっとのちのことだ。いま思えば、その言葉は、苦しみの中でもがく祖父の「助けてくれ」という叫《さけ》び声《ごえ》だったのだろう。

酒が切れ、禁断症状にさいなまれると、祖父は青白く苦しそうな顔をしながら、部屋の衣紋《えもん》掛《か》けに吊《つる》された衣服や廊下に干された洗濯物に向かって、意味のとれない言葉でしきりに話をはじめる。祖父にはそれらが人の姿に見えるのであろう。わたしの目には見えない相手に向かって、なにかをまくしたてる祖父の姿は、もののけにとり憑《つ》かれているようにも見えた。狐に化かされていたのだ。

どこまでも酒に固執《こしゅう》し、ただひたすらどん底まで落ちていくかのような祖父の姿は、こどものわたしにとって、足のすくむほど恐ろしい光景だった。そして、いつのころからか、わたしは祖父をダメな人間の象徴《しょうちょう》のようにとらえていた。わたしは祖父には冷たかったし、軽蔑《けいべつ》さえしていた。祖父の人生に想像を巡《めぐ》らせることも、祖父の気持ちを慮《おもんばか》ることも、あのとき、わたしにはできなかった。

家の主人という地位を父に譲《ゆず》ってしまった祖父は、家族の冷たい視線の中で、自分の居場所を完全に喪失《そうしつ》していた。村社会にありながら、わたしの家族は、祖父をアウトサイダーとみなした、核家族だった。

祖父が亡くなってから「いったい、あの人の人生は何であったのか、はたして幸せだったのか」と、ときおり、思う。夢に出てくる祖父はいつも、自室のベッドに座り、うつむいてはため息をつく行為《こうい》をくり返していた。「若いころはまじめで、けっして酒浸りになるようなことはなかった」といわれた祖父が、アルコールから抜け出せないほどに飲まずにはいられなかった葛藤《かっとう》と憤《いきどお》りとは、いったい何だったろう。しかし、いまとなってはもう聞くこともできない。冷たい家族の中で、自分の人生を語ろうとはしなかった祖父。自分の家族に、ついぞ心中を語ることができなかった悲しみは、いかばかりだったろう。

＊

わたしの家はいま、弟が五代目を継《つ》いでいる。山里の集落にあって、家そのものは築《ちく》二〇〇年ほどになるだろうか。われわれの家系が、この家に住む以前には、別の家系が住んでいたらしい。しかし、もともとこの家に住んでいた主人が、江戸時代、百《ひゃく》姓一揆《しょういつき》を企《くわだ》てたかどで処払《ところばら》いになり、その後、この家の土地を得た本家《ほんけ》から、いまのわたしたちにつながる先祖の分家《ぶんけ》に土地が渡った。大正九年に生まれた祖父は、この家の三代目にあたる。

祖父の父親である曾祖父《そうそふ》は、祖父がまだちいさいころに亡くなってしまった。そのため、祖父の少年期の生活はかなり苦しく、土地を担保《たんぽ》に借財《しゃくざい》を重ねざるをえなかったそうだ。それを返済《へんさい》すべく、祖父は志願兵《しがんへい》となった。そうすれば、恩給《おんきゅう》がもらえ、土地を取り戻すことができるからだ。そんな祖父が教練《きょうれん》から戻った日、まっすぐに家の中に入らずに、自分の土地のまわりをまずひと回りしてからようやく玄関先へと向かったという話が、近所の語りぐさになった。少年期から家長《かちょう》にならざるをえなかった祖父は、それほど土地、つまり「家」に執着したひとだった。しかし、そうして取り戻した土地を、敗戦後、今度はＧＨＱ（ポツダム宣言執行《しっこう》のために日本における占領政《せんりょうせい》策《さく》を実施《じっし》した連合軍）による農地解放でふたたび失うことになる。

「あんだのじいちゃんは、「解放」で取られた土地取り返すべって、トラホームになった眼《まな》手《ぐ》ぬぐいでぐりぐりどしながら、田んぼだの畑だの、寝ねで耕《たが》やしたんだ。ほうやって、みな取り戻したのっさ。おどげでねえぐれ（戯《おど》けではないくらい）、稼《かせ》いだんだど！」

わたしが成人してのち、そんな話を村のひとたちから、いくど聞いたろう。そのたびに、何かやるせない気持ちになった。

家の中座敷にある、祖父の仙台箪笥《せんだいだんす》の中にあったものは、衣類のほかには、ボロボロになった墨《すみ》書《が》きの借用書と、戦地での写真、戦地でもらったと思われる手書きの賞状……。ただそれだけだった。お盆《ぼん》になると何とはなしに、箪笥の闇《やみ》から取り出すそんな品々は、思い出というにはあまりにも寂《さび》しかった。しかし、おそらくはそれが、祖父の若き日のすべてなのだと思う。

祖父を語るとき、母がよくいう笑い話がある。田植えでみなが忙しく働いていたあるとき、酔っぱらった祖父が背広を着て、泥《どろ》だらけの長靴を履いて家から出てきた。不思議に思った父が「おい、親父。そんな格好で、どこさ行ぐ」と尋《たず》ねると「これから天皇陛下《てんのうへいか》さ会いさ行ぐ」という。父はひたすら、苦笑するしかなかった、と。アルコールに侵された意識の中で、祖父の青春期がときおりよみがえっていたのだと思う。

戦争を体験した世代としなかった世代には、はるかな隔《へだ》たりがある。貧しさと豊かさの感覚もちがう。いま生きている、この等身大の自分を大きくはみ出た世界がそこには広がっている。わたしたちは、それをどうにか想像力で補おうとするけれども、あの戦争の時代、破裂《はれつ》した爆弾《ばくだん》の音やからだに感じた地響《じひび》きや、死の恐怖の感覚にどんなふうに襲われたのかを、みずからのからだで感じることはできない。土地を、家を守ること、家族のこと、そしてよみがえる苦しい戦争の記憶。アルコールに頼らなければならないほどのやりきれない記憶。それが、当時のわたしにとっては、遠い過去のできごとでしかなかった。

わたしと祖父との距離。その隔《へだ》たりを埋《う》める努力を、わたしは怠った。

狐に化かされた祖父を、ときおり思い出す。

わたしにも、いつかこう語るときがくるかもしれない。

「むかし、あったど。戦争さ行って、さっぱど何もねぐなってすまった人がいだんだど、一生懸命働いだげっとも、狐にだまされで酒っこいっぺ飲むようになってすまって、狐ど一緒に毎晩毎晩、氏神様の前で酒っこ飲んで、唄っこ唄っていだんだど。ほんだげっとも酒っこあんまり飲み過ぎで、とうとう死んでしまったど」。

*

祖父が生きているあいだに、まともな会話ひとつ交わせなかったことへの後悔《こうかい》は、わたしの中でずっと続いていた。亡くなったひとの記憶をたぐり寄せることは、もう不可能で、それから何となく、お年寄りの話を聴くようになっていた。明確な動機は思い出せない。ただ、時代をすこしさかのぼった祖父や祖母がもっている情景という

のは、自分がいま生きている現在とは、ぜんぜんちがうものだということには気がついていた。「狐に化かされた」という言葉ひとつとっても、およそ現代社会の常識ではなかなか受け入れがたい。その言葉は、村社会独特のコミュニケーションのありかたをあらわしていると思う。村のひとたちは、大酒飲みの祖父を「アルコール中毒者」とは、けっしてみなさなかった。なにかの悪さの原因を「狐」のせいにしてくれた。けれども同時に、狐に化かされたり、とり憑《つ》かれた人間の側は、村のひとびとの嘲笑《ちょうしょう》の餌食《えじき》になる。さっきも書いたように、村社会のそんなコミュニケーションは、きわどい残酷《ざんこく》さに裏打ちされている、といってもいい。

電気も車もない祖父の時代のこと。ご飯はかまどで炊《た》いていたし、水は井戸から汲んでいた。トイレは水洗じゃないし、着るものも、まだ洋服ではなかった時代。なによりも、戦争があった時代。無意識に過ごしてしまえば、その変化にさえ気がつかないで、時代は過ぎ去っていく。

あの祖父にとって、いま／ここは、依然《いぜん》として、戦場だったのだろうか。こどものころ、一緒に住んでいたそんな祖父から、戦争の話を聞いたことがわたしにはいちどもなかった。戦争の話ができるひともいるけれど、そうではないひともいるだろう。

祖父が亡くなったのは、わたしが高校三年生のときのことで、東北地方の稲作《いなさく》が大凶作《だいきょうさく》に見舞《みま》われた年だった。いつも脳裏《のうり》によみがえるわたしの村の風景とは、日本軍の兵士と田んぼと天皇、そして東北地方の大凶作のこと。それは、とりもなおさず、「狐に化かされた」祖父の情景なのだった。いまになっても、「狐」がなにを意味するのか、ほんとうのところは、よくわからない。村の社会のコミュニケーションには、なにか始末に負えないできごとが起きると、「狐」が出てくる。お茶飲みをしているおばあちゃんたちが、まじめな顔をしてそんな話をしているのをときどき聞いたけれど、そのたびにいつもとても不思議な気持ちになった。村のおばあちゃんたちは、ひとが狐に化かされることを、本気で信じていたのだろうか……。信じているように、思えた。

狐に翻弄《ほんろう》され続けた、祖父の人生。たぶん、この「狐」には、村の秘密を知る手がかりが隠されているのだろう。もし、村社会から、「狐」がいなくなったなら、村はたぶん、村じゃなくなる。「狐」を退治できたら、あるいは、村はもっと楽しい場所になるのだろうか。いや、そう考えることもちがうような気がする。

ばあちゃんと学校

リアス式海岸をのぞむ三陸の弁天岬《べんてんみさき》の突端《とったん》で育った祖母は、ちいさなころから磯へ出ては、海苔《のり》をとる手伝いをしていた。祖母は漁師のこどもだった。ちいさな漁村のその家は、とても貧しかったのだろう。

祖母がこどものころの学校制度は、尋常《じんじょう》小学校六年間を卒業すると、女の子ならその上に、高等女学校の五年過程があった。いまの中学校から高校にあたる学年だ。もちろん義務教育ではなかった。貧しい漁村には、高等小学校や高等女学校へ通うことのできるこどもは、けっして多くはなかった。農漁村で暮らすほとんどのこどもたちが、尋常小学校を終えると、農漁業に従事するか、どこかへ丁稚《でっち》奉公《ぼうこう》に出た。そうして、ちいさな働き手から、やがて一人前の「大人」になっていった。

「ばあちゃんは、学校、どこまで通ったの?」

「あのね、卒業したのは尋常小学校だけなの。でも、たった二週間だけ、女学校に通ったことがあるの。」

「二週間だけ？」

「うん。小学校の先生がね、女学校さ行けって言ってくれたの。古い教科書を集めてくれて、授業料も出してくれたの。うれしかった。たった二週間だったけれども、高等女学校さ通ったの……」

「へえ……いい先生がいたんだねえ」

「そうさ、でもね、毎日子守りの仕事しながらだったの。尋常小学校を卒業したら、子守りをして働くことになっていたの。それは、親との約束。それでも、先生に教科書もらったから、うれしくて、子守りの仕事をしながら女学校さ行きたいと思ったの。学校の授業に出れるだけ出て、御崎《おさき》のところ、あるでしょ。あそこの木の根っこのところさ、毎日、風呂敷包みの教科書を隠《かく》して、子守りの仕事さ行ったの。教科書は重いし、子守り家《いえ》さ持っていくと怒られるからね。毎日毎日、歩いて一五キロくらいの山道を往復した。いまのように自転車も車もない時代だもの。そうやって働いていた

から、学校さ行っても眠たくて。寝不足だから居眠《いねむ》りしてしまうし、子守りの仕事を終えて、夜おそく家さ帰っても勉強できなくて、とうとう学校の授業についていけなくなったの。二週間やってみて、わたし、十分満足したの。これ以上、女学校さ通えない。さっぱりとあきらめたの。先生にお礼言って、教科書を返した。女学校さいけるこどもは、だいたいお金持ちだからきれいな着物着ているんだけれども、わたしは毎日おんなじ着物。それもみじめだと思ったの。だから、あきらめられたの。」

*

戦前の村には、広い土地を持つ地主から土地を借りた小作人《こさくにん》が、その土地でとれた農作物の一部を地主におさめる「寄生地主制《きせいじぬしせい》」という制度があった。村といえば、一見、みんな同じような暮らしをしているように見えるかもしれないけれど、とくに戦前の農村は、この制度の下での身分格差《みぶんかくさ》や経済格差がすさまじかった。

地主の家の息子と小作の娘が、その身分のちがいから結婚を許されず、村のちいさな神社の社の中で、無理心中《むりしんじゅう》したという話も祖母から聞いたほんとうの話だ。

こうした格差で覆《おお》われていた日本の村々の地主制が撤廃《てっぱい》されたのは、戦後、GHQによる農地解放がなされてからの話だ。それまでの貧富の差が激しかった時代、みんなが同じ学校へ行けなかった時代、まだ、とてもちいさかったこども時代の祖母は、学ぶ機会を与えられないばかりか、毎日一五キロもの道のりを歩いて子守り仕事をするという自分の境遇を、どうやってうけ入れたのだろう。

自分の身内を代弁《だいべん》するという行為にも慎《つつし》みが必要なのかもしれない。それでも、祖母亡きあとに、孫のわたしが想い描くよりほかない情景には、ちいさなこどもだった祖母の、悔《くや》しさの涙が浮かんでくる。だれもいない場所で、山の中で、あるいは海で泣いたのだろう。「辛抱《しんぼう》する」ということが、人間の美徳《びとく》として語られた時代があった。自分の実力だけで何とかできるというなら、そしてそれが可能な環境であったなら、祖母はきっとどんなことをしてでも、勉強を続けただろう。自己実現や個性の尊重からはほど遠い現実が、そこには横たわっていた。ほんの数十年前の村々には、ありふれた話だ。

学校に行けないことがかわいそうだ、という話をしたいのではない。とても短いあいだに、学校やこどもをめぐる環境は、とても大きく変わってしまったということだ。学校に通うことがあたり前とは思われていない時代もあったのだ。

ひとが生きるって、そう簡単なことじゃない。どんなひとも困難を背負っているし、過酷《かこく》な生き死にをくぐり抜けてきたのだ。いま、わたしたちがここにあることの後ろ側には、いまのわたしたちとは異なる現実の中での無数の生がある。そして、そこに生きたひとたちはすべて、いまのわたしたちとつながっているはずだ。

第二章　こども百姓

秋になって、稲の刈り入れの季節を迎えても、稲は直立のまま青かった。わたしは、青立ちのたんぼを見ながら、さめざめと泣いた。日が暮れるころ、父が、田んぼに火を放った。百姓《ひゃくしょう》がたんぼに火を放つ。心にぽっかりと穴があいたみたいだった。

農業という生きかた

わたしは、宮城県の三陸沿岸部の村で育った、百姓《ひやくしよう》のこどもだ。「百姓」という言葉を、わたしがよく使うのは、こどものころから馴染んでいるからだ。わたしの父は、自分のことを「俺は百姓だ」とつねづね、いっている。農家はまだしも、「農民」とか「農夫」みたいないわれかたを父は嫌がった。「百姓はなんでもやらなくちゃいけない。百の姓《かばね》を持っているんだから、だから俺は百姓でいいんだ」っていう。

一九九〇年前後、わたしが小学校六年生のころまで、わたしの家は基本的に専業農《せんぎようのう》家《か》で、お米をたくさんつくっていた。それから、葉タバコの栽培《さいばい》も少しだけれど、やっていた。そのむかしは林業もしていたみたいだけれど、材木が売れなくなったので、山はシイタケの栽培に切り替えた。

材木は売らなくなったけれど、自分の家で使うための植林はしている。木にはいろいろな用途がある。炭にすれば燃料になるし、家を建てたり、家屋を修復したりするためにも使われる。牛舎《ぎゅうしゃ》や工場などの材木も、自家調達《じかちょうたつ》だ。いま私たちの世代で使う材木は、祖父と曾祖母《そうそぼ》が植えておいてくれた木を伐《き》って使っている。だから、わたしたちの世代が植林する木は、孫の世代のために植えておくというサイクルになっている。ときどき山の間伐もするので、その間伐材《かんばつざい》を燃料にするための炭焼《すみや》きの手伝いもさせられていた。びっくりしちゃうと思うけれど、わたしの家ではつい十年くらい前までは、掘りごたつに炭を入れていた。いまは電気にしたけれど、炭のこたつから電気に変わったばかりのころは、火起こしの手間はかからなくなって便利だとは思ったけれど「電気ってあまり暖まらないなぁ」と思った。

それから、牛も飼っていた。わたしが生まれるすこし前までは、馬も飼っていた。山から木を下ろすには馬の力が必要だったからだ。鶏《にわとり》も放し飼いで三〇羽くらい。ペットのウサギやモルモットもいたし、犬と猫も飼っていた。どこまでが家畜でどこまでがペットなのか、自分たちでもたまに区別がつかなくなってしまうこともあったけれど、これだけ動物もいれば、ずいぶん家はにぎやかだ。ちょっとした「動物王国」みたいだ。

そもそも、わたしが生まれた一九七〇年なかばころは、東北だけでなく、日本の農家は大きな転換期《てんかんき》に直面していた。かつては、お金と同じようにだいじにされてきたお米が、生産過剰《せいさんかじょう》で米余りになり、どこの農家にも減反政策《げんたんせいさく》（田んぼの数を減らす）が強化されることになったからだった。

そんなわけで、わたしの家も、じわじわと田んぼを減らしていき、わたしが小学校六年生のときには、専業農家から兼業農家《けんぎょうのうか》になった。いや、兼業農家というより、多角経営へと方針を転換したといっていい。父が、家の敷地にちいさな部品工場をはじめたからだ。農業だけで食べていくことがとてもむずかしくなったのだということを、こどもなりに理解した。それから、いちばん変化したのは、飼っている牛の頭数で、わたしが幼稚園のころは一〇頭くらいしかいなかった牛が、中学校までのあいだに六〇頭くらいになった。それから、葉タバコの生産も、労働力が追いつかないということでやめてしまった。いま、家ではわたしの弟が農業を継《つ》いでいて、二〇〇頭までになった牛の世話をしながら田んぼ仕事などをしている。零細《れいさい》の自動車部品工場は父と母がやっている。こうして、私が生まれた一九七〇年なかばころから一九九〇年前後にかけて、段階的に農業部門を縮小させていったのだった。

わたしの家族は父、母、祖父、わたしと弟の五人家族だった。農作業はもともと父と母がやっていたが、仕事がとても多いので、こどもの手も借りなければ、やっていけない。学校から帰ると「仕事を手伝って」と、かならずいわれた。学校が休みの土曜や日曜だって、両親には休みがない。とくに生きものを飼っている農家は、かれらに食事を与えなくてはいけないので、三六五日休むことができない。毎日にぎやかな家族だったけれど、心残りといえば、家族みんなで遠くへ泊まりにいった思い出がないことだ。動物はいつ病気になるかわからないし、家にはかならず誰かがいなくちゃいけないからね。

両親に「家の仕事を手伝って」といわれて、渋々やることもあったけれど、面倒でいやだなあと思うときは「勉強しなくちゃいけないから」といっては、わたしは手伝いから逃げた。いちばん大変だな、と思った農作業は、葉《は》タバコの収穫《しゅうかく》だった。葉タバコの収穫は、真夏だ。からだが弱かったお母さんは、ひどい暑さで、収穫の作業中に倒れることもあった。農家の仕事がとてもたいへんなことを、わたしもからだで知っている。だから、手伝いを逃れて、図書館へ出かけても、後ろめたい気持ちはずっと続く。

じつはわたしは、親から「勉強しなさい」といわれた記憶がほとんどない。そういうのって、農家以外の家庭ではめずらしいのかもしれない、と思う。「今日は勉強してもいいよ」といわれると、うれしいくらいだった。村にはそろばん塾くらいしかなかったし、小学校のころも中学校のころも、塾に通ったことがない。「勉強しなさい」っていわれるとウンザリするひとが多いみたいだけれど、忙しい農家の子どもだと、家の手伝いが勉強よりも優先させられることもある。いつも「ちいさな大人」の扱いだ。こうして、親に「勉強しなさい」といわれないことが、ゆくゆく、百姓の子どもに育ったわたしの深い悩みになるのだけれど……それはまたあとで話すことにしよう。

さんかく田んぼのこと

一九九〇年、わたしが中学校に入るか入らないかのころ、ちいさな三角の田んぼを父から一枚もらった。「自分で食うコメは自分でつくれ」といわれたのだ。いまでも、その田んぼはあって、家族の中では「アケミの田んぼ」と呼ばれている。この三角田は、あぜ道とあぜ道のあいだの田んぼの連《つら》なりの端《はじ》っこに、たまたまできたものの、稲を栽培するにはとても効率の悪い田んぼだ。いってみれば、たいして必要ではない田んぼをもらったというだけの話だ。この田んぼ、ちいさくて三角形のかたちをしているためにトラクターもいれられない。腰が曲がるような思いをして、丸一日かけて鋤《すき》で田起こしをした。田植えも手植えしたし、稲刈りも手刈りだ。水の管理もしなくちゃいけなくて、朝早くに田んぼに水を入れたのを忘れて、そのまま学校へ登校してしまい、夕方見にいったら、田んぼから水があふれて、稲にすっかり水がかぶって水《すい》没《ぼっ》しているということがなんどもあった。そもそも怠《なま》け者なので田の草取りも中途半端で、いつも田んぼは、草ぼうぼう。ずいぶん失敗もしたし、手抜きのこども百姓だったけれど、それでも一五〇キロくらいのお米が、秋には収穫できる。中学生のわたしが一年食べるには十分な量のお米だ。それがわたしの米づくりの経験なのだけれど、あのとき、百姓になるのも悪くないなあって思った。だいいち、食いっぱぐれることがないしね。田んぼと畑を耕《たがや》して、食べきれない分はちょっと売って、お金はあまりないけれど、ないなりに暮らせそうな気もしていた。

けれども、安定した農業をやっていくということが、じつはとてもむずかしいのだという現実を、あるときまたべつのかたちで、わたしは目の当たりにしてしまった。一九九三年に東北地方で大凶作が起きてしまったときのことだ。わたしは高校生になっていた。この年は、春先からずっと雨が降り続いた。九月になっても雨はやまなくて、とうとう気象庁は梅雨明け宣言を断念するほどだった。もともと東北地方の三陸沿岸は「ヤマセ」といって、夏には海から冷たい風が吹くことで知られている。この冷たい風が稲にあたると、冷害になって、お米が実らなくなってしまう。あの年は、長雨におそわれたうえに、とても寒い夏だった。村のおじいちゃんやおばあちゃん、みんなが、お米の収穫のことをとても心配した。秋になって、稲の刈り入れの季節を

迎えても、稲は直立のまま青かった。豊作《ほうさく》の年の稲は、黄金色で頭を垂《た》れているものなのだけれど、あの年の稲は、穂《ほ》が実らなくて、籾殻《もみがら》が空っぽだった。気温が低く、長雨が続くと籾殻にお米の入らない「不稔《ふねん》」という稲の病気になる。どれもこれも、空っぽの稲ばかりで、愕然《がくぜん》とした。

わたしの家では、田んぼ一枚から、例年だと五五〇キロから六〇〇キロくらいのお米を収穫することができる。けれども一九九三年は、それが、わずか二〇キロという信じられない大凶作になってしまったのだった。ちなみに、お米にはその年の作柄《さくがら》をしめす「作況指数《さっきょうしすう》」というものがある。毎年秋になるとニュースでこの言葉が出るから、覚えておいてもいいと思う。作況指数は、平年並み101〜99、やや不良98〜95、著しい不良90以下が目安だ。一九九三年の宮城県の作況指数は37だった。著《いちじる》しい不良が90以下なのに、37というのは最悪な指数だ。とりわけ三陸沿岸部は日本中でもっとも被害が大きく、作況指数は20そこそこだったと思う。

村のおじいちゃんやおばあちゃんたちが「こんなにひどい凶作ははじめてだ」となんどもいった。「時代が時代なら、餓死者《がししゃ》がたくさんでて、村が全滅《ぜんめつ》しただろう」とも。そして、高校生だったわたしに「おまえは、いまがそんな時代なら、娘身売り《むすめみ》になったかもしれない」と笑った。もちろん、その笑いにはずいぶんと余裕があった。脅《おど》しのようにいわれたわけじゃない。

グローバル経済の進んだ現在、凶作時にむかしのような餓死者が出ないのは、食料品を海外から大量に輸入していて、わたしたちの食生活も、かならずしもお米が主とはいえなくなっているからだ。朝はパンやシリアルを食べることもあるし、お昼だってラーメンや蕎麦《そば》ということもある。そもそも国内でお米が凶作だったとしても、海外から補う手だてがある。もっとも、こんなふうにいっていられるのは先進国に住んでいるからで、世界の途上国では現在でも、飢饉《ききん》があれば多くの餓死者が出ている。それに、一九九三年に日本が大量にタイ米《まい》を輸入したときは、アジアの米市場が急騰《きゅうとう》して、アジアの途上国のひとたちに大きな打撃を与えたことも、また事実だった。

九三年の凶作のあのとき、わたしは、青立《あおだ》ちの田んぼを見ながら、さめざめと泣いた。日が暮れるころ、父が、田んぼに火を放った。百姓が田んぼに火を放つ。言葉にできない絶望感というものを、このときわたしは、はじめて知ったのだと思う。心にぽっかり穴が空いたみたいな気持ちだった。それが飢饉《ききん》だと知った。村で生きることって、とても過酷《かこく》だと思う。そう一筋縄《ひとすじなわ》ではいかない。

そして、時代が時代なら、「おまえは娘身売《むすめみう》りだ」と笑われたことを、わたしはいまでもときどき思い出す。村の飢饉とは、食糧がなくなって村の中だけでは暮らせなくなるということを意味していた。まずは村の若者が、村の外へ働きに出るという方法がとられた。若い女性ならば、「娘身売り」だ。村が危機的状況になると、女とこどもは、その身体が売買の対象になるという時代も、あった。それがつい、七、八〇年くらい前までの、村の現実だった。

五時に寝る友だち

村で農業をやって暮らしていくには、どちらかといえば机で考えることよりも、農作業の実際的な経験の積み重ねがだいじになる。田畑には、それぞれ土の性質（ねん

ど質だったり砂地であったり）や日の当たり具合などに特徴があって、農家はそれらを相手にした日々の経験の積み重ねの中で、それぞれの土地の性格を学ぶのだと思う。だから、農家になるためには、かならずしも高校や大学へ行かなくていいし、学歴が重視されることも、あまりない。

わたしの同級生に、タケシくんという魚釣《つ》りの名人がいた。小学校のすぐ脇に、たらば川という川が流れていて、ヤマメやイワナがたくさんいた。タケシくんは、毎朝、日の出とともに起きて川の上流で魚釣りをしてから、そのまま学校へ登校していたのだった。自作の釣《つ》り竿《ざお》とバケツを持ったまま学校へ来るものだから、登校したわたしたちは、タケシくんのバケツに入った数匹の獲物たちと毎日出会う。しかも、給食を食べ終えて、昼休みの時間になると、タケシくんは学校の裏山から笹竹《ささたけ》を切ってきて、竹串をつくって、串刺《くしざ》しにしたヤマメをフェンスに干しておく。そして、下校時に家に持って帰るのだ。スゴい小学生だ。

タケシくんのまねをして、学校でも魚釣りがはやった。放課後、学校の先生も一緒に魚釣りをすることもあった。わたしも自分で、山から竹を切ってきて釣り竿をつくったこともあるけれど、そううまくはいかなかった。そもそもヤマメ釣りというのは、とてもむずかしくて、水面からヤマメが泳いでいるのは見えるのに、なかなか釣れやしない。わたしはいちども成功したことがなかった。毎朝ヤマメを釣ってくるタケシくんは、本当にスゴいなと思った。

あるとき、タケシくんに用事があって、家へ電話したことがあった。夕方五時ごろだったと思う。すると、タケシくんのお母さんが電話に出て「タケシ、もう、やすんだでばぁ。明日朝も魚釣りさ行ぐんだべぉん」という。わたしはびっくりした。タケシくんは、毎日、夕方五時には寝ていた。いくら小学生でも、寝る時間が早すぎると思ったけれど、タケシくんは、日の出とともに魚釣りをするサイクルで生きていたので、「それもそうだよな」と深く納得して電話を切った。

それが、タケシくんの日々の暮らしだった。

けれども、そんなタケシくんには、とても苦手なことがあった。それは、学校の勉強。タケシくんは実践的な自然科学にはとても強かったけれど、とにかく勉強が苦手

だった。わたしたちが小学校を卒業して中学校へ進学するとき、クラスの父兄会でタケシくんの学力について話し合いが行われた。父兄会から帰ってきた父とお茶を飲みながら、タケシくんの話をした。「タケシくん、勉強が苦手みたいなんだな。中学校への進学について、遠くの学校の特別なクラスへ通わせるかどうか、話し合いをしてきたんだ」という。わたしはとてもびっくりした。そして、父はいった。「大丈夫だよ。みんな一緒に、おなじ中学校へ進学させようって決めたよ。タケシくんのかあちゃん、泣いてた」。

その後、もちろん仲良くみんなで近くの中学校へ進学した。けれども、つぎには高校受験が待っていた……。

日常生活を送るためには、小学校四年生くらいまでの知識があれば、じゅうぶんに暮らせる。二次関数《にじかんすう》とかを使うことはめったにないし、買いものをするときの計算だって、足し算と引き算、かけ算、ときどき、割り算と分数がせいぜい必要になるくらいだ。タケシくんだって、そのくらいのことはできた。だけど、高校受験には英語もあるし、勉強は格段にむずかしくなった。模擬試験《もぎしけん》の偏差値《へんさち》を気にしたり、みんなが猛烈《もうれつ》に勉強をはじめた。そんな状況の中で、タケシくん本人だけではなく、クラスのみんなも心配しはじめた。「タケシ、高校進学できるだろうか……」。自分たちの受験勉強の合間、放課後に、タケシくんを囲んで毎日勉強会をやった。二三人しかいない同級生だった。幼稚園からずっと一緒だった。小学校から中学校へ進学したときと同じように、みんなで高校へ進学できると思っていた。だけど、そううまくはいかなかった。

中学校の卒業式の翌日が、高校の合格発表で、学校の教室にみんなが集まったけれど、そこにタケシくんの姿はなかった。だれかがいった。「タケシの番号、なかった」。夕暮《ゆうぐ》れの教室で、みんな泣き暮《く》れた。

二男だったタケシくんは、家督《かとく》(家長《かちょう》)ではない。農業を継《つ》がず、遠くの街の左官《さかん》屋《や》に働きに出たと聞いた。ほんのときどき、道でばったり会うこともあった。けれども、こどものころのように、元気なタケシくんではなくなっていた。義務教育を終えれば、それでじゅうぶんだと考えられないことはないのだろう。けれど、みんなと一緒に進学できなかったことが、タケシくんをとても追いつめたと思う。声をかけても、ちらっとこちらを見て、足早に去って行った。わたし自身がすでに、うまく声をかけることができなくなりつつあった。

タケシくんは、仕事でないとしても、川でヤマメという獲物を信じられないほどに上手に毎日釣り上げることができる。そんなタケシくんは、村の中で暮らしていくためには、十分すぎるほどの知恵を持ち合わせていたはずだ。こんなことをいえば、村社会を「前近代的」とかいう言葉でひとくくりにしたがる人もいる。けれど、近代の教育は、いつだって教科書だけが「基準」になっていて、けっきょく、それ以外の価値観を評価できていない仕組みになっている。だいいち、ひとの能力って、ひとつの基準で測れるものなのだろうか。そもそも「能力」ってなんだろう。

「まん中」にあわせるってたいへん！

小学生のころ、学校では毎週水曜日の朝に、全児童が体育館へ集められて「発音練習」をやっていた。全校児童で「アエイウエオアオ……カケキクケコカコ……」とくり返すのだ。音読が上手にできるようになることが目的ですすめられていた。それはつまり、標準語の教科書を上手に読むことができるための訓練だった。戦前に行われたような、露骨《ろこつ》な方言矯正《ほうげんきょうせい》とはちがうけれども、私の通っていた小学校は、僻地教育《へきちきょういく》のモデル校に指定されていて、「発音練習」は僻地教育の重要なカリキュラムとみなされていた。わたしの母校は、小学校も中学校も、少子化のために、いまでは廃校《はいこう》になっている。小学校の同級生は一二人、中学校でも二三人しかいなかった。だから同級生たちとは、まるで兄弟みたいに育った。

わたしがいま、あるていど標準語を話すことができるのは、小学校時代にこの発音練習をしていたからかもしれない。村のこどもだったわたしが、標準語に接する機会はとても少なかったからだ。もちろんテレビでは標準語が使われていたけれど、家族も学校の先生も隣近所のひとたちも、日常的には方言で生活していて、それが当たり前だった。

いっぽうで、方言で書いた作文を、学校の先生がていねいに標準語に添削《てんさく》してくれたときのどうしようもない気持ちは、忘れようもない。抵抗したいけれど、抵抗できない気持ち。伝えたい意味やニュアンスが、標準語になると、やっぱり、ちょっとちがうかな、と感じた。標準語と方言の、はっきりとした区別もてなかったそんなこどものころ。それでも、東京から、おじさんやおばさんがお正月やお盆に帰省《きせい》してきたとき、都会の言葉（標準語）を話しているのを聞くたびに、やはりどこか血の通わない言葉にさえ思ったおぼえがある。

自分はここで生まれ育ったのに、ここが「僻地」と呼ばれていたのも、いまあらためて考えれば、ずいぶんと失礼な話ではないか、とも思う。辞書によれば、「僻地」すなわち「辺鄙《へんぴ》な地」とある。辺鄙な地とは、都会から遠い不便な土地、だそうだ。

そして僻地教育と呼ばれる教育には、「僻地教育」というとくべつな勉強のしかたがあるわけではなかった。都市と村落地域の児童の学力の格差をちいさくするために、たとえば方言がそのさまたげになっているとすれば、学校での作文や朗読を多用して、標準語の普及《ふきゅう》につとめる、といったようなことにすぎない。そして学校の先生たちはとても熱心な教育者だった。当時、全国の中でもわが三陸沿岸部のこどもたちの学力は「低い」といわれていたから、先生は熱心に「児童教育のため」の勉強会をしていた。先生たちも必死だった。先生が悪いわけじゃない。クラスごとに代表を決めて、全校生徒の前で国語の教科書を読む「朗読会《ろうどくかい》」もあった。

こうして、わたしがこども時代に受けた教育についてあらためて考えてみると、やがて故郷から遠く離れて大学へ進学したり、働くことを前提に、都市へ適応できる人間をつくる、という意味では必要なスキルだったのだろう。けれどもそこでは、いま暮らしている村そのもののことは、ほとんど考えられていなかったという気がする。

そして、やがて都市へと出てゆくこどもたちにとっても、ここを「僻地」と名指されることが、ゆくゆく彼らにどんな心持ちを与えてゆくのか、という想像力にも、まったく欠けていたと思う。

東北は、たんに、ここが東北と名指されることだけで、できあがった場所ではない。こうしたいくつもの僻地が積み重ねられた、最果《さいは》ての土地というイメージとわかちがたく結びつけらた名称なのではないだろうか。方言や訛《なま》り、奥《おく》まった土地すなわち道《みち》の奥《おく》、を彷彿《ほうふつ》とさせる「みちのく」という呼び名や、僻地あるいは辺境《へんきょう》という地理的な位置づけ。そしてつぎに述べるような、蝦夷《えぞ》やアイヌといった、かつてここへ住んでいたひとたちへ対する差別的な眼差《まなざ》し。

けれども、「辺鄙」とか「低いもの」「遅れたもの」というみなしや基準は、いうまでもなく、一方的なものだ。にもかかわらずそれが、近代教育の中にも適応されていけば、こどもたちは、己《おのれ》の境遇《きょうぐう》をおなじようにみなし、自分自身にすり込んでゆくことになるだろう。

不思議なお墓

いつの時代も、学校の教科書には、東北にかんするくわしい歴史なんて書かれてはいない。

こどものころ、村のおじいちゃんから、家の裏山にある「蝦夷塚《えぞづか》」の話を聞いた。

「あそこには、石組みのお墓があって、おとなふたりでも抱えられないくらいの蓋《ふた》がしてある。こんど、お前が大きくなったら、開けて見るべ」。

背筋が凍《こお》るような恐怖に襲《おそ》われた。「蝦夷塚」ってなんだろう。蝦夷って何者だ。なんでここにそんなお墓があるのだろう。わたしにはさっぱりわからなかったし、そんなひとつひとつのことを、すべて説明できるおじいちゃんもいなかった、そもそも、村のおじいちゃんたちだって「蝦夷」を見たことはない。わたしは、すべてがつくり話だと、ずっと思っていた。

蝦夷とは、古代に北関東から東北地方一帯に住んでいた先住民で、大和朝廷《やまとちょうてい》に服属《ふくぞく》しなかったひとびとといわれている。一説には、アイヌ民族と語られることもあるけれど、厳密《げんみつ》にはわかっていない。アイヌのひとびとも含まれていたのかもしれない。

わたしの家の近くの山や沢の名前は、アイヌ語によるものだとも、のちに知った。わたしの育った故郷には、かつては蝦夷と呼ばれた先住民が住んでいたらしい、とも。だいぶ大きくなって、教科書とはちがう、すこしむずかしい歴史の本を読むようになってから知ったことだ。ひょっとすると無縁だと思っていた蝦夷は、自分たちの先祖かもしれない、あるいは、あまり考えたくないけれど、蝦夷を征服《せいふく》した側の人間だったりして……考えれば考えるほどわからなくなってくる。エゾという言葉の響きもどこかものものしい感じがした。漢字を見ても、最初は読めなかったし。エミシと読む人もいると聞いた。そもそも蝦夷という言葉は、蔑称《べっしょう》で、異郷《いきょう》の夷狄《いてき》という意味らしい。夷狄というのは、「野蛮人《やばんじん》」という意味だそうだ。中央から遠い場所に住んでいるひとたちで、中央の王権（大和政権）に服従しないひとたちのことを、差別的に呼んだという。この、蝦夷と呼ばれるひとたちが、どのようなひとびとだったのか、現在の東北地方に住んでいたということ以外には、ほとんどわかっていない。それがアイヌ民族だという確証もない。

しかし、たとえば『続日本紀《しょくにほんぎ》』という書物には、みちのくの蝦夷が、いまの近畿地方や九州、四国といった遠方へ強制移住させられていた記録がたくさん残っている。列島の北側に住んでいた先住民は、大和政権の征圧にともなって、支配下におかれた。

このとき、多くのひとびとが殺された記憶が残っている。ある日とつぜん、自分が暮らしていた場所から遠くはなれた、言葉も通じない、食べものも文化も異なった知らない土地へ連れて行かれて、無理やり働かされた。そして、殺された。とてもひどい話だ。遠く連れられていった彼らは、どんなに苦しい思いで生きたのだろう。東北の歴史の地層深くには、これほどまでに深刻な歴史が埋もれている。けれども、そういう問題は、いまの教科書で、ちゃんと取りあげられているとはいえない。

学校の教科書で勉強した歴史と、自分が村の中で教わる歴史のあいだにいつも断絶《だんぜつ》があって、いくつもいくつも亀裂《きれつ》が走っていることに、なんとなく気がついていた。けれども、そういうひとつひとつの亀裂を気にしていたら、受験勉強なんて、まったくできなくなる。「まん中」の教育を前に、いつもどこかで思考停止する自分、歴史の亀裂にとまどう自分がいた。

歴史のある時点で起きたできごとは、わたしたちの現在とは、まったく関わりのないことなのだろうか。かつて、わたしたちが住んでいた東北で起こったと記録されているできごと。そのできごとは、いまの自分と完全に断絶した、過去の物語だったと言い切れるのだろうか。

努力と進歩

二〇一一年三月一一日の「東北地方太平洋沖地震」の直後に起きた原子力発電所の爆発以降、わたしはぼんやりと「近代教育」って何だろうと考えることが多くなった。明治時代にはじまる近代教育とは、そもそもが、戦争へ行くための兵士を養成する目的があったということを知っているひとが、どれだけいるだろう。

日本中から兵士を集めたはいいけれど、それぞれが方言で話していたのではおたがいの話が通じないし、なにより上官の命令も理解できない。読み書きもできなければ、軍隊で文書をあつかうこともできない。砲弾《ほうだん》や砲撃《ほうげき》の数を数えるには、算数の知識も必要だ。そして軍隊での行進や教練のために、音楽や体育があった。このことについてをはじめとする「学歴社会の成立」については、小熊英二さんという社会学者の書いた『日本という国』を読んでみるといい。

多くのひとが、学校や家で「努力」という言葉を尊《とお》いものとして聞いたことがあると思う。わたしもそうだ。そしてわたしはこどものころから、「努力」とは人間社会に幸福を導くための自己修練《じこしゅうれん》のような意味で理解していた。けれども、わたしたちが学校教育で勉強しているカリキュラムが、歴史をさかのぼれば、そんなふうに戦場で役に立つための人間を養成することが目的でつくられていたのだといわれたら、やっぱり、ショックだ。

原子力発電所の爆発は、人類の科学的努力をはじめとする近代の叡智が集約されたはずの、まさにその突端《とったん》でおきた事故だった。「原発」の仕組みが、広島や長崎に投下された原子力爆弾と同じ原理でできあがっていることは、だれもがみな、知っていると思う。原子力発電は「核《かく》」の平和利用なんだといわれたし、人間のための便利で安全なエネルギーをつくるためのものだとも教えられてきた。そのために多くの技術改革の「努力」が払われてきたのだと思う。それを、わたしたちは人類の進歩と呼んでいるはずだった。それならば、わたしたちがいま、目《ま》の当《あ》たりにしている放射能汚染をどう理解したらよいのだろう。また、科学技術をはじめとする「進歩」によって、むかしのように、病気や飢餓《きが》で亡くなる人は、たしかに先進国では少なくなったかもしれない。けれども、そのかわりに、核兵器やミサイルのような、人間をより多く殺すための「知恵」も進歩しただろう。

あの甚大地震と大津波、そしてとりわけ原子力発電所の爆発をめぐる、史上類をみないできごとは、これからどのように、教科書に記述されるのだろう、と考える。放射能汚染からわたしたちが解放されるまでには、数十年もの時間が必要だともいわれている。このことは、そして東北は、どのように描かれるのだろう。

一九四五年、アメリカによって、広島と長崎へふたつの原子力爆弾が投下された。原子力爆弾を投下された被爆《ひばく》国の日本は、「非核三原則」という国是《こくぜ》があったにもかかわらず、敗戦から一〇年後の一九五五年を境界に、平和利用という名目で原子力発電所の建設計画をはじめた。福島の原子力発電所には、広島や長崎に投下された核爆弾の二〇発分（ウラン換算《かんさん》）の核燃料が貯蔵されている。日本の目覚ましい戦後復興と奇跡的な高度経済成長の裏側で、「日本」という国は、自分たちの進むべき未来の国のあり方を、どこかで見失っていたのかもしれない。その原子力発電所の立地場所が、なぜ福島だったのか、なぜ東北をはじめとする地方だったのか。これからいったいどれだけのひとたちが、さらなる移住を余儀なくされるのか、汚染された土や海は、これからどんな方法で浄化《じょうか》されてゆくのか。いつになったら、自分たちの土地でふたたび安心して農作業や漁をすることができるようになるのか。あたりまえの暮らしを一瞬にして吹き飛ばすような、またその後の解決の道を見いだせないような技術や智恵とは、いったいなんだったのだろうか。考えなければならないことや大きな疑問が、山積みだ。

それでもわたしは、どんなに長い時間がかかっても、安心して農業や漁業ができる「東北」の土と海を回復することが、なにより大切なことだと思っている。土と海は、わたしたちだけのものではない。未来へ引き継ぐ大事な「財産」だと思うからだ。それは、お金に代えられるようなものではない。

話がずいぶん飛躍《ひやく》してしまったようだけれど、大切なことは、人類がめざしてきた「進歩」の内実を、ひとつひとつ考えなおしてみることだ。「まん中」に合わせて、みんなで努力してきたはずなのに、いま、土も海も放射能で汚染されて台無しになっている。そればかりか、未来に向けて何ひとつたしかな構想も描けず、まったくお手上げの状態なのだ。それは「進歩」と呼べるものではなかっただろう。

第二章 田舎と都会

都市で生活するようになると、そこでの暮らしもまた、村社会以上に「生きづらさ」があることに気がつく。個人に比重をおく社会と、共同体に比重を置く社会。自由競争の社会と競争を忌避《きひ》する社会。このふたつの社会は、ほんとうに相容《あいい》れないものなのだろうか。

はじめての東京

わたしが生まれてはじめて東京へ行ったのは、一九八九年、小学校六年生の夏休みのことだった。仙台までは両親に車で送ってもらい、そこからひとりで新幹線に乗って、東京に住む叔母《おば》の家で夏休みを過ごした。

大都会東京。いちばんびっくりしたのは、巨大なマンションだった。あの大きな建物ひとつに、わたしの村の五〇戸なんてすっかり収まってしまうなあ、とぼんやり考えた。満員電車、新宿、渋谷の雑踏《ざっとう》……楽しかったディズニーランド、原宿でのショッピング……。

でも、じつは二日目を過ぎるころから、そろそろ帰りたいな、と思いはじめた。山の中で育った自分にとって、東京は異空間《いくうかん》だった。新宿や渋谷を歩いていると、人の多さに圧倒されて、泣きたくなった。草ひとつはえていないアスファルトが真夏の太陽を受けてゆらゆら蜃気楼《しんきろう》で歪《ゆが》んで見えた。はじめて吸った東京の空気は重たくて、街のニオイに慣れなくて苦しかった。あのころ二〇代だった叔母のアパートは1DKで、こんなちいさな部屋に、ひとりぼっちで暮らしているなんて、なんてことだろうとも思った。村でしか暮らしたことのない自分は、「一人暮《ぐ》らし」というのを、そのときはじめて見たのだと思う。家に鍵をかけるのもはじめての体験だった。そして、それはなんて寂しいことなのだろうと思ってしまったのだ。叔母を東京から田舎へなんとか連れもどそうと考えた。東京は人間を幸せにはしない。勝手にそう思い込んでいた。正真正銘《しょうしんしょうめい》の「田舎《いなか》っぺ大将《たいしょう》」だった。

でも、東京から戻ってよくよく考えると、いつか自分も、東京でひとり暮らしている叔母のように、なにかのかたちでこの家を出る運命にあることに気がついた。そうだ、わたしには弟がいるから、弟が家を継《つ》ぐ。そうするとわたしは、一生自分の生まれた家で暮らすということはできないんだ。だから、東京に住んでいる叔母は、その後のわたしの将来を描くひとつのモデルになった。自分もやがては「叔母」と呼ばれる立場になるのだろう。そう思って、こどもの私は愕然《がくぜん》とした。いつかは、この村を出て行くかもしれない自分。村以外の世界を知らないのに、たったひとり、家族から離れて、知らない世界で暮らさなくちゃいけないかもしれないのだ。そんなことを考えては不安にかられた。

一九七六年生まれの私たちは、「ナナロク世代」といわれることがある。ちょうど小学校の高学年から高校へいたる多感な時期に、世の中の変動をからだで感じた世代。それは、毎日のようにテレビで流れていた昭和天皇の様態の変化とその後の崩御《ほうぎょ》であり、ソビエト連邦や東欧世界の解体、湾岸戦争の勃発、バブルの時代とその崩壊《ほうかい》……短いあいだに、いろいろな価値観が、ガラガラと音をたてて崩れていくような時期だった。高校から大学へ入るころには、経済成長がピタリと止まって、身の回りには中国製品があふれるようにもなった。そんな時代、わたしはずっと村で育ったけれど、もちろんファミコンでも遊んだし、身の回りにあるモノや情報だけは、都会のこどもとそんなに変わらなかったと思う。

村と家の掟《おきて》

また、小学校の二年生のときから、わたしは、岩手に住んでいた本家《ほんけ》の大叔母《おおおば》と「文通」をするようになっていた。

現在のわたしの家族に連なる「家」がはじまったのは四代前の江戸末期で、本家から土地を与えられて分家《ぶんけ》した。いわゆる親戚《しんせき》とちがって、本家と分家は、血のつながりがなくなっても、永遠に途切《とぎ》れることのない関わりを持っている。

大叔母は、その本家で生まれた女性だ。わたしは分家のこどもで、実際には血縁関《けつえんかん》係《けい》でないけれど、本家と分家の関係にあたるその女性のことを「大叔母」と呼んでいた。その大叔母が、当時、ちいさな通信誌を発行していて、それが毎月わたしにも送られてきていた。こどものころはよく意味が分からなかったけれど、その通信には毎回、旧植民地《きゅうしょくみんち》だった天津《てんしん》の日本疎開《そかい》での大叔母の思い出がつづられていた。

大叔母との文通は、彼女が亡くなるまでの二〇年近く続いた。この文通を、はじめにわたしに仕向けたのは、わたしの父と母だった。そこには、家にまつわるちょっと複雑な事情があって、わたしと大叔母のそのやりとりは、大叔母と故郷をつなぐ、唯《ゆい》一《いっ》のつながりだったのだと思う。

大叔母の両親が戦前、本家の財産のかなりの部分を売り払って満洲へ移住したことが原因で、大叔母は本家の敷居《しきい》をまたぐことを禁じられていたからだ。戦争勃発前夜《せんそうぼっぱつぜんや》、世界恐慌《きょうこう》の最中にあって、日本中が困窮《こんきゅう》していた。村を棄《す》て、その土地を切り売りして別天地へ出て行った彼女たち家族は、敗戦後に命からがら日本へ引揚《ひきあ》げてきても、このようにして、故郷喪失者《そうしつしゃ》にならざるをえなかった。わたしの家は分家なのだが、祖父がそんな本家とのあいだに立って大叔母をかばっていたことは、こどもながらに知っていた。

大叔母は、高等師範学校《こうとうしはんがっこう》を出ていて、ふつうの村の生活からすればちょっと考えられない学歴だった。村の女子教育はせいぜい高等女学校レベルで、高等師範学校といえば、今なら東大に行くようなことだからだ。大叔母はその後、爵位《しゃくい》のある家に嫁いだということもあってか、村の暮らしからすると、かなり都会的でハイカラなひとだった。言葉は標準語だったし、いつも素敵なワンピースを着ていた。すでに七〇歳くらいだったけれど、そんな大叔母が、ようやく故郷の地を踏むことを許されたのが、私が小学校のころだったというわけだ。

大叔母がはじめてわたしの家に遊びに来た日のことを、わたしはよくおぼえている。玄関の扉が開くなり、彼女はスキップをするような軽やかさで「ヤッホー！」と、わたしたち家族に挨拶をした。父も母も、ちょっと驚いていた。それ以来、彼女のことを家族の中ではひそかに「ヤッホーおばちゃん」と呼んでいた。おばあちゃんなのに、その振る舞いはまるで少女のようだった。

さておき、両親からのゆるやかなプレッシャーを感じながらもつづけられた、大叔母との文通だったが、判で押したように「大叔母様、お元気でお過ごしでしょうか？」の書き出しではじめるわたしは、いつもいったいなにを手紙に書けばいいのかと、思い悩むことも多く、あげく、ほおりだすこともたびたびだった。その間も個人通信は毎月送られてきていたが、思うように手紙を出せないことの罪悪感がつもりにつもっていき、半年にやっと一通の手紙を書くというようなありさまとなっていった。

大叔母が亡《な》くなったのは、わたしが大学に入った年だった。亡くなる間際《まぎわ》になって、あの少女のような大叔母が、嫁《とつ》ぎ先で大変な苦労をしていたことを母から聞いた。故郷から絶縁されてしまった女性が、身分違いの家に嫁ぐことがどんなことなのか、ほとんど想像もできなかったけれど、「三つ指ついて嫁《よめ》入りし、毎日がお仕えだった」という。女って、ほんとうにしんどいな、と思った。

「家」や村には目には見えない「掟《おきて》」というものがある。そういう「掟」に背いた人間に対して、家も村もとても冷たい。村を離脱《りだつ》する運命の人間が、個人の自己実現のために、家や村の土地をお金にかえるという行為は、とてつもなく罪深いことだという規範《きはん》、あるいは掟があった。それが、たとえ大叔母の両親のしたことであったとしても、当時まだこどもだった大叔母の責任が問われていく。かつてなされた行為は、家、しいては村の存亡《そんぼう》にかかわるとみなされたものだったからだ。このことは、明治国家がめざした家制度そのもののかたちでもあり、それが村の規範《きはん》と不可分ではなかったのだ。家長を中心とした家の存続、そして女性の忍従によって支えられたのが、家制度だった。

そういう村の規範が、わたしのこども時代にも、まだたしかに存在していた。あるいは、大叔母が男性だったら、あつかいはもう少しちがっていたのかもしれない。

そして同時に、家の跡継ぎではない「どこかの家へ嫁ぐ」という運命にある女性が、高い学歴を得ることへの無言の批難というようなものも、根強く存在していた。学歴を得ようとする行為は、他人から抜きん出ようとする欲望であるとみなされているようだった。奢っているという眼差《まなざ》しさえあった。学歴社会があたり前の世の中だと、ちょっとびっくりするようなことだけれど、三十年くらい前の地方農村ならば、そういう価値観が根強く存在していた。

このことは、わたしが、ゆくゆく東京の大学へ進学するときにも、依然として足かせになっていた。女性の自分が、将来を自由に想い描くことは、「家」や村の規範に対する「抵抗」ではないか、と自分でも思ってしまうのだ。

ふたつの社会

故郷から離別する者たちはみな、根無《ねな》し草《ぐさ》になる。跡取《あとと》り娘《むすめ》は例外だけれど、あるいは村の内部に嫁ぐのでなければ、必然的に村育ちの女の子のたどる道。村の規範に縛《しば》られずに自由に生きてみたいと思いながら、田畑に囲まれていない暮らしというものがどういう生活なのか、わたしはうまく思い浮かべることができなかった。「家」に縛られない暮らしは自由だけれど、いまでも、故郷を離れて暮らすことに、なにかとても大事なものを失いつづけているような喪失感がある。自由な生きかたを許してはくれない故郷へのやりきれない気持ちと、そこで育ててもらった感謝の気持ち。

こうして、村で育った自分が描くことのできる将来には、つねに限界がつきまとった。何になりたいのか、と考えても、自分の世界にはぴったりくるものはなかなかみつけられなかった。ただ、自分の世界の外側には、もっとずっと広い世界があって、自分は自分の外の広い世界を知らないんだ、ということが気にかかっていた。いつかは、村の外へ出て、自由にものを考えてみたいと、漠然《ばくぜん》と思っていた。けれども、村の外で生きる道は、自力で切り開くしかない。自分の道は自分で切り開くのは当然なのだけれど、大学に進学して自分の道をみつけたとしても、それはたぶん、村の規範には、はなからそぐわないことであって、大叔母や叔母がそうであったように、両親や親戚、そして村の理解を得ることはとてもむずかしいということは覚悟しなければならなかった。自分の将来を思い描けるようになるまでに、とてつもない時間が必要なように思われた。

わたしが高校を卒業してそうほどなく、母校の小学校と中学校が相次いで統廃合《とうはいごう》になり、村から学校が消えた。村のこどもたちは、バスで遠くの学校へ通うことになった。ちょうど時代は二一世紀になろうとしていたころ。わたしはといえば、高校を卒業したあと、迷いのうちに、けっきょくは村で働くことを選んでいた。家の仕事を手伝いながら、近所の民俗資料館《みんぞくしりょうかん》で臨時職員《りんじしょくいん》をしていたこともある。

民俗資料館での仕事は、それなりに楽しいものだった。町の農林課で運営していたこの資料館は、かつて村の大地主だった屋敷を修復したものだった。私に毎日課せられた仕事は、朝、資料館の鍵を開けて、囲炉裏《いろり》に火を焚くこと。裏山から杉っぱを拾ってきて、火吹き竹を使って薪《まき》に火を付ける。ときどき薪割りもした。それが終わると、資料館を見学に来る人たちのための事務仕事。けれども、入館者が年間一万人にも満たず、冬などは、ひとりも入館者のいない日もあった。だからとうぜん、民俗資料館は赤字がつづき、毎年の議会で必ず批判のまとになっていた。こどものいなくなった村、そしてこうして観光施設をつくっても、ひとの来ない村……わたしは、だんだんと村の将来が気になりだし、このままではいけない、なにかを学ばなくてはいけないんだ、と考えるようになった。外の世界にも出て行ってみたかった。

その後わたしは、親に黙って大学を受験し、なんとか合格して東京に行くことになる。故郷《こきょう》を出るとき、とうぜん親や親戚《しんせき》とかなりぶつかった。「娘を大学へやるなんて。結婚もさせないで、あまやかして遊ばせていいのか」と、両親はさんざん親戚からいわれたようだ。

村が村として存続していくためには、近代的な価値観とは異なった規範が必要で、それが時代にあわなければ、解体してしまえばいいというひともあるかもしれない。けれども、都会で生活するようになると、都会での暮らしもまた、村社会以上に「生きづらさ」があることに気がつく。共同体に比重をおく社会と、個人に比重をおく社会、双方に長所と短所があって、そのバランスがうまくとれた社会は、まだ実現されてはいない。自由競争の社会／競争を忌避《きひ》する社会、ふたつの社会は、ほんとうに相《あい》容《い》れない社会なのだろうか。

村々で培《つちか》われた「生のありかた」を根底から否定できるほど、近代社会は完璧ではない。くり返しになってしまうけれど、いま起きている放射能汚染の「行きづまり」は、近代的な価値観をおしすすめた結果だともいえるだろう。ではその対極にある価値観とは、なんだったのか。

豊かな世界、と言葉ではいうけれど、それはどんな世界なんだろう。

故郷の過疎化《かそか》を案じたり、それを克服《こくふく》する方法を見いだすといったこと以前に、そんな途方もない問いにとらえられたまま大学を出たわたしは、大学院に進んだ。

「東北」コンプレックス

いつだったか、大学の友だちと東北の話をしたことがあった。横浜で生まれ育った彼は言った。「僕の親の田舎は青森なんだ。こどものころ、学校の友だちに親の故郷を聞かれてね。じつは、青森っていいえなかった」。彼は、どこか心とがめるように話してくれた。

同じような話を、わたしはなんども聞いたことがある。かつて、集団就職で東京へ働きに出た若者や学生が、自分の出身地をいえなかった、という話。地方の若者が「金の卵」と呼ばれ、工場や会社へ就職するために大量に都市部へ向かった高度経済成長期。けれども、そうして東京に働きに出た彼らは、青森や岩手、秋田、福島、山形……東北出身だということを、カミングアウトできなかった、という。だれに？　東京出身の友だちに？　それとも、関西の友だちの前で？　あるいは、実家が農家だということをいえない、というひともいた。現在もいるのかもしれない。

戦後の経済成長期、都市と農村の格差が大きかった時代。ビルが立ち並んで、高速道路を車がビュンビュン走っていた都市と茅葺《かやぶ》き屋根の家々、田畑の風景が広がる農村との風景の格差。日本が「進歩」と「豊かさ」をめざして突っ走っていた時代。いっぽう東北といえば、「田舎臭く」「貧しい」と認識されていた時代。なによりも、集団就職で東京へ出てきた彼らの故郷の風景と、都市化の進んだ東京の風景のギャップの中でつくられたコンプレックスは大きいだろう。そしてそれをいまだに引きずらせてしまうなにかがある。

その後、農村の風景もしだいに変わっていった。田んぼのまん中を新幹線が走っていく。舗装されつくした道路には、車がいっぱいで、歩いて行ける距離にコンビニがあるというほどではないけれど、スーパーだって深夜まで営業している、二一世紀の東北。

いまの若い世代ではそれほどではないのかもしれないけれど、それでも、東京へ出てきてから東北地方の方言が話されているのを聞いたためしがない、ということを考えるとき、わたしは、そこに、いくばくかの、いや、強く抑圧《よくあつ》されたコンプレックスがあるのだと思ってきた。他人ごとのように話しているけれど、自分がそうなのだ。

出身地三陸の方言を話したとしても、東京ではまず疎通《そつう》ができないということもあるけれど、それ以前に、どうしようもなく恥ずかしいのだ。やむなく訛《なま》ってしまうということはあっても、堂々と方言を話せるようにはならないものだ。

生まれ育った村で、みずからを「おら」「おい」「おれ」と呼んでいた自分が、東京で暮らすようになってから急に、「わたし」と自称《じしょう》しなければならないとき、どうしようもないぎこちなさを感じてしまう。だれにも告白したことはなかったけれど、「わたし」という主語で語りはじめようとするとき、いまだにいちいちつっかえてしまうのだ。

こども時代を過ごしていたときには何も感じなかったのに、離れたとたん、自分の故郷や故郷の言葉を「恥ずかしい」と思ってしまうのは、いったいなぜなのだろう。そんなふうに思うのは、わたしだけなのだろうか。

第四章 コメ男の話

東北地方が「米どころ」とされたのは、じつは意外と最近のことだ。そしてそのことにはそれなりの理由があった。ところでそんな東北に、かつて、「人の生き死には、こめの進退運動《しんたいうんどう》であって、人の生死ではない」などと説く、かなりヘンテコな思想家がいた。

白河以北《しらかわいほく》、ひと山百文《やまひゃくもん》

この章では、すこしちがう話をしよう。ここでは、田舎と都会、あるいは地方と都市を取り結んできた、ことにコメのことについて、考えてみたいと思う。

近代の東北地方は、日本の穀倉地帯《こくそうちたい》の役割を担《にな》ってきた。そこには、福島の原子力発電所で、東京が必要とする電気をつくっていたのと同じような、社会構造としての関係性がかくされている。

稲はもともと熱帯から亜熱帯気候原産の植物だ。だからじつは、寒冷地の東北地方でコメをつくるのは、技術的にとてもむずかしいことだった。農作物にはそれに適した気候がある――と、学校では習うかもしれないけれど、ことはそうかんたんにはいかない。そしてすでに話したとおり、東北の場合、ひとたび飢饉《ききん》が起きれば、村は全滅、年若い女性は娘身売り。東北には、遠いむかしから昭和まで、おびただしいほどの深刻な飢饉の記録が残されている。自然災害ももともと多く、そんな地域での農業はとても不安定で、ひとたび飢饉が起これば、生き死にに関わるほど深刻な窮乏《きゆうぼう》に陥《おちい》った。それでも、地方の農家は、コメをつくって都市へ流通させるという役割を長いあいだ、担ってきた。

ところで、江戸時代には、石高制《こくだかせい》といって、コメがお金と同じような価値を持っていたということを聞いたことがあると思う。しかし、気候条件が、熱帯から寒冷帯に及ぶ南北に長い列島の中で、コメの生産高が「豊かさ」の指標ということになると、必然的に、コメの生産性の低い寒冷地は不利になる。東北地方が、かつて「白河以北《しらかわいほく》一山百文《ひとやまひやくもん》」と呼ばれたゆえんでもある。白河とは、現在の福島県白河のことで、東北の玄関口のようなところだ。そこから北は、一山百文。つまり、土地の価値がないという蔑《さげす》みの言葉だった。

だから、近代になって、東北地方が穀倉地帯化していく過程にはいくつもの矛盾や困難があった。東北に田園風景が広がったのは、いわば「白河以北一山百文」の汚名《おめい》返上《へんじよう》とでもいわんばかりの東北のひとびとの不屈の努力と、近代における稲作改良技術の進歩があったからだ。またいっぽうで、そうした東北のひとびとの意識と、富国強兵政策をおし進めた近代国家の国策《こくさく》が重なった、ということもいえる。たとえば、コシヒカリという有名なコメの品種《ひんしゅ》があるけれど、これは戦時中の一九四四年、つまり、第二次世界大戦のまっただ中で、食糧増産政策のために改良されてできた品種なんだ。

いまでは北陸や東北地方が「米どころ」だと、みんなあたり前のように思っているけれど、じつはそれは最近のこと。コメづくりに適した気候という点から見ても、そもそもまったくあたり前のことなんかじゃなかったんだ。

コメの進退運動《しんたいうんどう》

さて、そのむかし、いまの青森県八戸《はちのへ》に安藤昌益《あんどうしょうえき》という町医者が住んでいた。昌益は東北のなかでも、かなり異端《いたん》の思想家だ。わたしは、このひとのことを、ひそかに「コメ男《お》」と呼んできた。昌益の生まれたのは一七〇三（元禄十六）年ごろと考えられている。秋田県二井田村《にいたむら》の農家に生まれ育って、その後、町医者になった。現代の高校の歴史教科書には、安藤昌益が書いた『自然真営道《しぜんしんえいどう》』が紹介されている。その書物のタイトルどおり、「自然の中に人間の営みの真の道をさぐること」が安藤昌益の思想の根幹だった。

昌益のいったいどういうところが異端なのかというと、たとえば『統道真伝《とうどうしんでん》』という書物の中で、こんなことをいっている。江戸時代の原典《げんてん》を書き下《くだ》したものと、現代語訳との両方を順にあげておくから、読んでみてほしい。

人の生死は米穀《べいこく》の進退にして、人の生死に非《あら》ず。転定《てんてい》の精神、小に凝《かたま》りて米穀と成り、米穀の精神進み見はれて人と成り、人老いて米穀を食すること能《あた》はずして死するは、米穀が転定に退《しりぞ》くなり。人死するに非ず。故《ゆえ》に米穀進んで人生じ、米穀退きて人死す。故に人の生死は米穀の進退なり。米穀、人と成り、人の腹中に米穀を食うは、是《こ》れ米穀が小転定なる人の腹中に退く、穀精《こくせい》満ちて子を生ずるは、米穀又《また》人に進むなり。

……世界・万国の人倫《じんりん》、世の根は米に始まる。此《こ》の故に、人・物の寿《いのち》は稲に来り、此れ是《そ》の人・物の命は米に来《きた》り。是れ此の人・物の世の根は米に来るなれば、転下惟《ただ》是れ米穀の主行なり。故に人は米穀を食して糞《くそ》と為し、穀は人糞《じんぷん》を食して実を倍《ばい》す。穀と人と食を互ひして常なり。

（以上の書き下し文は『統道真伝三』（人倫巻）より。『安藤昌益全集』第一〇巻、農山漁村文化協会、一九八五年刊、を底本にしたが、読みやすいように、送り仮名をカタカナからひらがなにし、さらに口語に直した）

人の生死とは、米の進退運動《しんたいうんどう》であって、人の生死ではない。天地の精神が、小さく凝縮《ぎょうしゅく》して米となり、米の精神が発現して人となり、人が老いて米を食えなくなって死ぬのは、米が天地に退くのであり、人が死ぬのではない。つまり、米が進むことで人が生まれ、米が退くことで人が死ぬ。このように人の生死とは米の進退運動なのである。米が人となり、人がそれを食って腹の中に納めるのは、米が小天地である人の腹中に退くことである。穀物《こくもつ》の精《せい》が満ちて子供が生まれるのは、米がまた人に進むからにほかならない。

……世界中の人間社会、つまり人の世の根は米によって始まり、人や万物の世の根は米によって成り立っているのだから、天下はひとえに米のはたらきによるものといえる。人は米を食って糞を出し、穀物は人糞を養分としてその実を増やす。このように穀物と人間とは互いに食ったり食われたりしながら存在しつづけている。

（以上の現代語訳も前掲書より）

これを読んだきみも、ちょっとびっくりしちゃっただろう。つまり、世界も人間もコメでできているっていう、ちょっとヘンテコな思想なんだ。昌益によれば、人が死ぬのは人の身体の中からコメが宇宙へと消えてなくなるからで、コメが体内いっぱいになるとこどもが生まれる、らしい。そして、人間はコメを食べて糞《くそ》をする。その糞を養分にしてコメが育って、また人が食べる。そういう人間と食の相互関係を切々と説いている。

まあ、いろいろと解釈がむずかしいところはあるし、昌益がいっていることをすべて受け入れるわけにもいかないところがあるけれど、人間が生きるために「食べること」はとても重要なことだという点については、だれもが納得するのではないかと思う。
もうひとつ、同じ『統道真伝』から引用してみる。

食は、人・物与に其《そ》の親にして、諸道の太本《たいほん》なり。故《ゆえ》に転定・人・物、皆、食より生じて食を為す。故に食無き則《すなわち》は、人・物、即《すなわ》ち死す。食を為《な》す則は、人・物、常なり。故に人・物の食は即《すなわ》ち人・物なり。故に人・物は人・物に非《あら》ず、食は人・物なり。

……分きて人は、米穀を食して人となれば、人は乃《すなわ》ち米穀なり。人は唯《ただ》食の為《ため》に人と成る迄《まで》なり。曾《かつ》て別用無く、上下・貴賤《きせん》、聖《せい》・釈《しゃく》・衆人と雖《いえど》も、食して居るのみの用にして、死すれば本の食と為り、又生じて食する迄《まで》の事なり。故に言語も、聖・釈も、説法も教解も、鳴くも吠《ほ》ゆるも、皆食はんが為なり。故に世界は一食道のみ。

……然《しか》るに聖人・釈迦、品種の書説を為せども食道の所以《ゆえん》を説くこと無し。是《こ》れ己《おの》れ等《ら》、直耕《ちょくこう》の食道を盗み、不耕貪食《ふこうひんしょく》する故に、之《こ》れを恥じて食道を説かざるは、重失なり。妄《みだ》りに百味の飲食、八珍の美味等、奢貰《しゃひ》の妄言《もうげん》を謂《い》へども、食道の所以を言はず、道の太本を埋《う》むる私の妄言のみ。故に世を惑はすなり。

（『統道真伝一』（紀聖失）より。『安藤昌益全集』第八巻、農山漁村文化協会、一九八四年刊）

食とは、人間や動植物に共通した親ともいうべきもので、存在の基礎《きそ》である。だから天地も人間も動植物も、すべて食から生じて食をする。したがって食がなければ人間も動植物も生きてはおれず、食があるからこそそれぞれの生を全うすることができる。これを言い換《か》えれば、人間や動植物にとっての食が、とりもなおさず人や動植物そのものであるともいえる。だから人間や動植物は食がなければそれとして存在することはできず、ここから食こそが人間や動植物そのものだともいえるのである。

……なかでもとりわけ人間は米穀《べいこく》を食べて成長するのだから、人間とはただ食うことで人間としてあるわけであって、これ以上のありようはない。上であろうが下であろうが、貴《とおと》かろうが賤《いや》しかろうが、聖人《せいじん》・釈迦《しやか》も民衆も、すべて食うことで生きているのであり、死んでしまえばもとの穀物、つまり食となり、また人間として生まれれば食をなすだけのことである。したがって何を言い何を語ろうと、聖人釈迦の教説も説教も、鳴くもわめくもすべて食のためであり、この世界は一に食という法則に貫かれている。

……ところが聖人・釈迦は、あれこれとくだらない書物を書いて説教を垂《た》れてはいるが、食の法則については何の言及もない。これは自分らが農耕労働という食の法則を掠《かす》め取り、耕《たがや》さずに貪《むさぼ》り食っているので、これを恥じて食の法則を説いていないのであろうが、これは二重の誤りである。いたずらに百味《ひやくみ》の飲食だの八珍《はつちん》の美味だのと、贅沢なことのみを言い触らしてはいるが、食が自然の根幹であることについては、一言の言及もない。どれもこれも自然の法則を埋めてしまう勝手な言い草ばかりで、こんなものは世を迷わすだけである。

（以上の現代語訳も前掲書より）

しつこいほどくり返し、ここには書かれているけれど、人間や生きものにとって、食べることはとても大事なことだ。そして、人間の地位や名誉や貧富に関わりなく、すべての人間は食物を摂取しなければ生きることができない。それにしても、昌益は、なぜこんなにも執拗《しつよう》にコメにとり憑かれて、「食べること」を語らなければならなかったのだろう。ちょっと気になるよね。

昌益のいいたいことを、よくよく理解するためには、想像力を働かせなくちゃいけない。ちょっと考えてみてほしい。わたしたちの多くは、その日の食事に困ることのほとんどない近代社会で暮らしている。毎日、自分の好きなだけおいしいご飯が食べられて満たされた社会に生きていたなら、昌益のコメの思想は、はたして、生まれただろうか。

「人は米を食べて人になるので、人は米である。人はただ食べることによって人になる…」

人間にとっていちばん大事なことは「食べることだ」と昌益は断言する。そして、その延長で語られていることは、「直耕《ちょっこう》」（農業）しないで威張《いば》っている聖人へ対する批判だった。コメを食べている人間はみな同じで、稲を耕している人間がもっとも尊いはずなのに、聖人は偉そうなことを言っている、と。

昌益が生きていた江戸時代は、士農工商《しのうこうしょう》という厳しい身分制度があった。人間にとって必要不可欠な食べものを生産している農民の身分は、とても低かった。かといって、当時の時代背景を考えれば、武士階級をヒエラルキーの頂点に掲げる身分制度を批判するなんて、なかなかできることじゃなかった。

たとえば、昌益が生きていた時代、藩《はん》によっては農民に対して、つぎにあげるような厳しい御触書《おふれがき》を出していた。こうして、農民の生活や思想の統制をおこなっていたんだ。

一、百姓の衣類は、布、木綿《もめん》たるべし

一、百姓は、雑穀《ざっこく》を用い、米を多く食するべからず

一、お茶を飲み、もの参りや遊山を好む女房《にょうぼう》は離別すべし
一、田畑を永久に売買《ばいばい》するを禁ず
一、神事《しんじ》仏事《ぶつじ》の外《ほか》は何によらず新しきことをするべからず

コメをつくる農民に対して「コメを多く食べてはいけない」という御触書がある。こうした御触書は、江戸時代には藩ごとにつくられていたけれど、たとえば津軽藩などでは、庶民が木綿の着物を着ることとさえ許されてはいなかった。コメだけの白いご飯を食べることも、ほとんど許されなかった。

青森県の八戸で昌益が『統道真伝』を書いていた時期の南部藩には『飢《き》饉考《きんこう》』という凶作の記録がある。宝暦五年（一七五五）、天明三年（一七八三）、天保七年（一八三六）における「三大飢饉」のようすがくわしく記録されている。飢饉とひとことでいっても、東北地方のように冷害が原因のこともあるし、日照りや洪水、噴火の火山灰が原因だったりすることもある。ウンカという虫の大量発生や、猪《いのしし》ケガチといわれるような、猪や鹿、猿による動物からの被害による飢饉もあった。

南部藩の『飢饉考』によれば、飢饉も「不作」「凶作」「大凶作」というふうにだいたい分けられていて、平年の四分の一減収を不作、二分の一減収を凶作、四分の三減収を大凶作、飢饉と記述している。それ以上の減収の場合は、「皆無《かいむ》」というらしい。この記述にしたがうなら、わたしが高校時代に経験した一九九三年の飢饉は、「皆無」ということになるだろう。とにかく、すさまじい飢饉だった。

昌益の生きていた時代に起きた宝暦《ほうれき》年間の大凶作は、八割減の飢饉で、領内では五万人におよぶ餓死者と逃散を出したといわれている。

むき出しの自然と失政

『飢饉考』の序文には次のように書かれている。

夫《それ》貧富《ひんぷ》は浮き世の常にして、富《とむ》る者は願はずして富、貧しき者はいかに富を庶《こい》幾《ねが》ふという共得べからず。然《しか》も是《これ》に盛衰《せいすい》あるは、天地に盛衰《せいすい》有りて不順の気候有が如《ごと》く、陰陽《いんよう》消長自然の理にして、人力の及處《およぶところ》にあらず。……箇々《ここ》に宝暦五《ぼうれきご》乙亥《きのとい》五穀実のらず、萬民飢《ばくみんき》饉《きん》に臨《のぞ》む宜哉《むべなるかな》。夏六月より秋七月に至《いたり》て霖雨噎霾濛々《りんうけんしようもうもう》として加之悪風を以《もつ》てし遂に暑を鏖《みなごろ》す。貴《き》賤老若俄然《せんろうにやくがぜん》として色を失ひ顛倒《てんとう》して悲《ひ》聲陥《せいかん》溺《でき》の苦しみ言語道断周章《ごんごどうだんしゆうしよう》す。翌丙子《ひのえね》の夏に至《いたり》て已《おのれ》に一日の性命も保難《たもちがた》く親子兄弟の恩愛《おんあい》も皆忘却しいかに況《いわ》んや……

（『日本庶民資料集成　第七巻』三一書房、一九七〇年刊）

貧富は世の中の常であるけれども、富裕《ふゆう》の者は望まないでいても豊かになり、貧しい者はどんなに富みを願っても得ることができない。しかも、このことに盛衰があるのは、天地に盛衰《せいすい》があって気候が不順になるのと同じように、自然の理であって、人の力がおよばない。……宝暦五年（一七五五年）は五穀が実らず、領内のすべての人々が飢饉に直面してしまった。夏六月から秋七月になるまで長雨が続き、冷たい風が吹いて、暑さをみなころしてしまった。身分の高い者も低い者も、年寄りも若者もみなが、にわかに青ざめ、うろたえ、嘆き悲しみ、この何とも言いようのない出来事を記録した。翌年の夏にいたっては、ついに一日の命も保ちがたく、親子兄弟の愛情さえ忘却《ぼうきゃく》してしまうほどの悲惨《ひさん》なありさまであった……

（以上現代語訳は山内による）

昌益が、ちょうど「宇宙や人は米だ」といって、仏や聖人批判をしていた頃、昌益の暮らす村々では、とても深刻な飢饉がたびたび起きては、たくさんの餓死者がでていた。おそらく、町医者だった昌益は、この光景を目の当たりにしていただろう。

おなじく『飢饉考』には、凶作時の悲惨な光景がほんとうにたくさん書かれていて、たとえばつぎのような捨て子の記録もある。

此日《このひ》寺社　并《ならびに》市中富家の門口諸士《しょし》丁江《ていへ》も捨子《すてご》多有り。最初は銘々《めいめい》拾ひ上多分の内には育置《いくち》も有、米銭《べいせん》を添《そえ》て望の者へ遣之《これをやり》、然《しか》る所后《のち》には人分望みなき者も米銭を貪《むさぼ》らん為《ため》に貰《もら》ひ子を淵川へ投入、米銭のことを貪るもの多く有りて后々《のちのち》は銘々我門《わが》に捨てられぬ覚悟の用心す。遂《つい》には親子の情愛を忘却《ぼうきゃく》して父母たる者自身我子を野山淵川へ投捨或《なげすてあるい》は昼夜の差別なく小盗大《しょうとうおおい》に流行《りゅうこう》す。

このごろは寺社や富裕の家の門口に、捨て子が多くなった。はじめは、それぞれの家で子どもを拾い育てる者もいた。あるいは、米やお金を子どもに添《そ》えて、望む者に預けるなどしていた。しかし、後になると子どもを望まない者までが、米や金銭《きんせん》を得たいためにもらい、子どもを川へ投げ捨てるということもあった。こうして、米や金銭を貪ろうとする者が多くなってしまい、後々にはそれぞれが自分の家の入り口に、子どもを捨てられないように、用心するようになった。飢饉のあまりのひどさに、ついには、親子の愛情を忘却して父や母が我が子を野山や川へ捨てたり、昼夜にかかわらず、盗《ぬす》みが横行《おうこう》した。

あまりにすさまじい飢饉の記録が続いているので、このへんでやめておくけれど、とにかく、飢饉におそわれた村々は、ほんとうに地獄のようだった。そして、こういう地獄同然の飢饉に苛まれる社会を、安藤昌益は激しく批判していたのだった。前にあげた昌益の『統道真伝』にはつぎのようにあった。

「天地も人間も動植物も、すべて食から生じて食をする。したがって食がなければ人間も動植物も生きてはおれず、食があるからこそそれぞれの生を全うすることができる。」

昌益のコメの思想をはじめて読んだひとは、なんだかずいぶんヘンテコなことを言っていると思ったかもしれないけれど、同時代に八戸を襲っていた深刻《しんこく》な飢饉のあとで、昌益が、人々になにを伝えたかったのか、すこしはわかってもらえるだろうか。「食があるからこそ、それぞれの生をまっとうすることができる」。深刻な飢饉が起きても、政治が人々を保護することができず、農民から多くの餓死者《がししゃ》や逃散者《ちょうさんしゃ》が出ても、藩の支配者である聖人や武士は安住している。そんな社会に対して、昌益はすさまじい怒りをもぶつけていた。

こうして、深刻な飢饉の淵から、同時代の多くのひとたちが食糧不足が引き起こす死の予感を身近に感じながら、生きることとの困難に向き合っていた。けれども、昌益のように、目の前で起きているできごとを書き残したり、ましてや政治批判ができるようなひとは、とても少なかった。

同時代かそれよりもう少し後の時代の八戸周辺地域で、どれだけのひとが安藤昌益の思想を共有していたかはわからない。せいぜい村で読み書きのできる名主や帰農した浪人武士だったり、それこそ昌益とおなじような町医者くらいだっただろう。昌益の声が、ほんとうに苦しんでいる貧しい百姓や、批判が向けられた「聖人」たちに届いていたのか、といえば、そこには限界があっただろうとは思う。

深刻な自然災害や政治の失政《しっせい》に翻弄《ほんろう》され、剥《む》き出しのまま晒《さら》された〈生〉は、どうやって生きる姿を取り戻すのだろう。この問いかけは、昌益の思想をとおして、いま、わたしたちに差し向けられているはずだ。

第五章 将来の〈東北〉

この国に生きるひとびとの多くが、いま、原発と田んぼが共存している風景を不思議だとは感じないということ。自分のからだをつくっている食べものが、危険なものなのかもしれないと疑いをもちながらも、そのことに無《む》頓着《とんちゃく》になっていくこと。私たちは、いったいどうなってしまったのだろうか。

土地に埋《う》め込まれた傷

かつてみちのくは、異族《いぞく》の住まう異郷《いきょう》の地と考えられていた。そこには、中央の歴史には描ききれない、いくつもの歴史の裂け目がある。自然災害もまた、生々しい土地の記憶だ。

東北には、ケガチの風土がある。「ケガチ」とは、飢渇《きかつ》／飢饉《ききん》といった意味のことだ。「ハレ」と「ケ」という言葉を聞いたことがあるひともいるかもしれないが、日常を意味するのが「ケ」、非日常を意味するのが「ハレ」だ。そのうちの「ケ」、つまり日常にとってもっとも必要な食料が欠けがちである、ということから「ケガチ」という言葉となったともいう（そこに暮らすひとたちは「ケガヅ」という）。

この土地の記憶をたぐり寄せると、冷害、地震、津波、大雪、台風、日照り……その土地が、繰り返しそれらによって大きく分断されたことが、あらわになる。同時に、土や海が傷ついたなら、それをちゃんと回復してやることが、そこで暮らしをたてていくために、なにより大事なことだった。だから、自然災害が多い場所に住み続けることは、とても覚悟のいることだ。東北に限らず、自然災害のたびに、土地や海を手当しながら、人々は、生きるための風景をつくってきたのだ。

けれども、海や土地で頻繁《ひんぱん》にケガチが起きるということは、とうぜんのことながら、そこに住む人々の暮らしを不安定にする。冷害が起こって作物が実らなかったり、海の時化《しけ》が続いて漁ができないということになると、人々の生活はたちまちに行きづまる。

東北が歴史的に背負ってきた「異郷性」というものと、たび重なる自然災害は、この土地とそこに住まう人々に、深い傷を負わせ、それを抱え込ませてきた。この、ケガツの風土が、いったいなぜ、日本の近代化への歩みの中で都市への出稼《でかせ》ぎを生み、ついには原発誘致《げんぱつゆうち》という結論を導き出してしまったのか。

唐突《とうとつ》に聞こえるだろうか。

東北での自然災害は、この土地の運命のようにくり返されてきた。太平洋沿岸部に、むかしから冷害をはじめ、大きな地震や津波が来ることは多くのひとたちが知っていた。そしてそのつど、背負った傷を必死に手当して、一からやり直してきた。そのことだけでも生死をかけたことだったのに、それに加えて、原子力発電所がこの土地に建てられたのはなぜなのだろう。それは必然だったのだろうか。

わたしたちが、東北に住まいながら、持続的に暮らしを成り立たせるにはどうしたらよいのかという問題が、そこにはある。のんきな話をするようだけれど、東北には、おいしい空気と豊かな自然があった。そしてわたしたちは、いまだに、自然／合理性という切断軸《せつだんじく》の狭間《はざま》で翻弄《ほんろう》された暮らしをしている。東北という土地の暮らしが、どんなふうにあれば、「田舎」の、そして同時に「都会」の人々が「豊か」に暮らせるのだろうか。東北というケガチの風土が、みずからの農業や漁業の営みを捨て去って、都市型の暮らしに移行していくという選択肢があるのだろうか。そこにどんな意味があり得るのだろうか。いまここでまた、近代的な合理性にすがっていくべきなのか、あるいはふたたびその恩恵を信じようとすることが可能なのだろうか。

この本を読んでいるいまのきみは、どんなふうに将来の東北を想い描くのだろう。

おいしいお米やお魚を安心してずっと食べられるような暮らしは、だれにとっても、なによりも魅力的なものだと、私は思うのだけれど。

百年後のリスク

明治時代に『将来之東北《しょうらいのとうほく》』を論じたひとがいた。半谷《はんがい》清寿《せいじゅ》というひとで、相馬《そうま》藩小《はんお》高村《だかむら》（現在の福島県富岡町）で生まれ育った。半谷が生きていたころ、福島県小高村には、もちろん原子力発電所はまだなかった。夜はランプ、寒さは炭でしのいだ時代、電気さえなかった時代。

いま、彼の生まれ育った故郷に、私たちは一歩も踏み入ることができなくなった。こんな皮《ひ》肉《にく》な巡《めぐ》り合わせってあるだろうか……「将来之東北」を思い描いていた半谷の故郷が、百年後に放射能汚染で、立ち入ることもできなくなるなんて、いったいだれが想像しただろう。

半谷清寿の『将来之東北』は次のような文章ではじまる。

近く四十年間我東北の歴史は、何ぞ其《そ》の惨絶壮絶《さんぜつそうぜつ》なる。嗚呼《ああ》、是《こ》れ天か人か。看《み》よ、磐梯《ばんだい》の噴裂《ふんれつ》、三陸の海嘯《かいしょう》、三県の凶饉《きょうきん》、何ぞ其の悲惨《ひさん》なる。更に遡《さかのぼ》りて戊《ぼ》辰《しん》の役《えき》に於《お》ける創痍《そうい》跡《あと》何ぞ深痛なる。斯《か》くの如《ごと》くにして東北は不振よりは衰退《すいたい》に入り、衰退《すいたい》よりも滅亡《めつぼう》に赴《おもむ》かんとしつつありしものなり。

(『将来の東北』東京・丸山書籍部、明治三年刊、より)

近年四十年間のわたしたち東北の歴史は、大変に壮絶《そうぜつ》なものであった。ああ、それは天の仕業《しわざ》か、人の仕業か。見よ、磐梯山《ばんだいさん》の噴火、三陸の津波、三県の大凶作、なんと悲惨《ひさん》なことであろうか。さらに遡《さかのぼ》れば、戊辰《ぼしん》戦争における傷あとの深い痛み。このようにして、東北は不振よりは衰退へむかい、衰退よりも滅亡へと進もうとしているようだ。

(以上現代語訳は山内による)

半谷が故郷の惨状に危機感を抱き、「将来之東北」を論じてから、一〇〇年と少しの歳月が流れた。いま、地方が置かれた構造的仕組みが、本質的に変化したか、といえば、残酷なほど変わっていないのかもしれない。そんなことないではないか、というひともあるだろう。日本中を道路や鉄道網が血管のように流れて、飛行機もとんでいる。デパートやスーパーには衣料品も食料品もあふれている。高度経済成長期は、たしかに日本を「豊か」にしたと思う。

それでも、一〇〇年後のわたしたちが、直面しているいまの現実は、世界経済主義（グローバリズム）、さまざまな格差と経済の低迷、少子高齢化《しょうしこうれいか》、未曾有《みぞう》の自然災害と原子力発電所のリスクだ。

巨大な津波になすすべもなく飲み込まれていく海沿いの町々を、だれしもがテレビで目撃した三月一一日。巨大な自然の前に、人間の営みが一瞬にしてもみくちゃにされていった、あの日。そして、依然《いぜん》として終息の見えない放射能汚染。農業も漁業も立ちゆかなくなっている東北と、食べものの安全に神経をすり減らす東京のひとびと。

わたしたちは、いったい、どこへ向かっているのだろう。

無残な「なつかしい風景」

半谷清寿が生きていたころ、凶作の多発する東北地方が、日本の穀倉地帯《こくそうちたい》としての役割をになうことは危険なのではないか、という意見もずいぶんあったのだという。とくに昭和初期にはかなり深刻《しんこく》な凶作が何度もあった。しかし、東北地方に工業地帯が広がることはなかった。京浜工業地帯や中京工業地帯といったような関東以南から西日本に広がるようなベルト地帯が東北地方には存在せず、けっきょく東北地方は、一次産業の拠点《きょてん》になっていった。

あらためてここで簡単に、近代のコメの歴史を眺めてみよう。

日本のコメの自給率が一〇〇パーセントになったのは一九六〇年代なかばのことだ。それ以前の日本は恒常的《こうじょうてき》なコメ不足だった。明治以後、都市人口が増大してゆく中で、米食の割合が高くなり、中国やインド、東南アジアなどからコメを輸入していた。近代日本は、長いあいだ、コメの輸入国だったのだ。

一九一八（大正七）年には米騒動《こめそうどう》が起きた。同年のシベリア出兵が要因となって米価が急騰したことがきっかけで起きた、コメをめぐる暴動だった。富山の漁村の女性たちによる「女一揆《おんないっき》」が口火を切ったといわれている。この米騒動は、全国百万規模の運動へと拡大し、時の首相だった寺内正毅《てらうちまさたけ》が軍隊を用いて鎮圧《ちんあつ》するほどの民衆運動へと発展した。米騒動の翌年、当時の日本政府は、植民地《しょくみんち》だった朝鮮半島と台湾での産米増殖計画《さんまいぞうしょくけいかく》をすすめ、コメの増産移入《ぞうさんいにゅう》をはかった。朝鮮半島と台湾で、日本米品種の作付けをはじめたのだ。

こうして、コメをはじめとする日本の食糧増産政策は、戦時体制の中で強化されたといってもいい。前にすこし触れたけれど、現在ブランド米として流通しているコシヒカリも、一九四四年に改良品種として誕生した。つまりは戦時の増産政策の中ででてきた品種だったのだ。

やがて、終戦をむかえ、植民地を失った日本は極度の食糧不足に陥った。そして、かつての植民地にかわって戦後の食糧供給地へと変貌《へんぼう》をとげたのが、東北だったというわけだ。

いま、東北地方は日本におけるコメの最大供給地になった。東北新幹線は、広大な田園風景のまん中を突っ走ってゆく。四角形に整地された田んぼ、田んぼ、田んぼ。その風景は、いつのまにか、「日本」の故郷と呼ばれるような風景になっていった。

田んぼがいっぱいになって、みんなが白いおコメを食べられれば豊かだと感じられた時代があった。けれども、食べものがあふれる時代になるとともに、そのありがたみは薄れていった。ダイエットをするのに、炭水化物のおコメを避けるひともいる。銀シャリが「贅沢《ぜいたく》なもの」だとあこがれる時代ではなくなった。ずいぶん前から、日本はコメ余りの時代を迎えている。

そして、稲作農家が抱えている現実もじつはそうとうに、過酷《かこく》だ。コメは日本人の主食と言われて久しいけれど、去年や今年のおコメの相場《そうば》を知っているひとがどれだけいるだろうか。一九七〇年代から減反政策が布かれ、それ以降、米価《べいか》は下落《げらく》していく。コメの市場が自由化になったことで、一部の高級米は高値をつけているけれど、一般にスーパーなどで流通しているコメは、生産者が出荷する時には、一俵《ぴょう》（六〇キロ）、一万四千円くらいだ。一枚の田んぼから仮に六〇〇キロ収穫できたとしても、十四万円。そこから種籾代や肥料、機械代金などを引くと、実収入は七万円くらいにしかならない。田んぼ一枚を一年間耕して七万円。田んぼ一〇枚耕しても七〇万円。これでは、どんなに生活費をおさえたとしても、稲作だけで暮らしていくのはどう考えてもむずかしいということになる。兼業するとしても、そもそも労働のわりには儲けが少ないため、とうぜんながら農業人口はどんどん減り、若いひとたちも農業から離脱して都市へ働きに出た。そして、村から、若者がいなくなった。食糧があふれればあふれるほど、苦しくなる一次産業の現実。

こうして、すでに東北農村の疲弊《ひへい》の度合いが増している中で、原子力発電所は建てられた。そして、ついにはその爆発が起きてしまった、ということだ。地震や津波の自然災害ならば、時間の経過とともに田畑も海も回復してゆく、けれども、放射能汚染の被害はそうはいかない。

豊かさの指標

「たべずには生きてゆけない」。

やはり、そう書いたのは、吉野せいだ。せいは、一八九九年生に福島県の小名浜《おなはま》というところで生まれた。日本の近代化のまっただ中に生きた女流作家だ。若いころから文才を買われながら、けっきょく彼女の残した作品は、亡くなる三年前に出版された随想集『洟《はな》をたらした神』一冊だけだった。開墾《かいこん》をしながらこどもを育てた母でもあった。

生きることをあきらめなければ、土に落とした種はやがて芽《め》をだし、自然が生かしてくれる。「農業の乏《とぼ》しいけれども食物を支えられる生活のちいさな平和」の中で、せいが見いだした哲学とは、「生まれたいのちは生きられるだけ生きたい」という、生きものの本質的な欲求だった(以上引用はすべて「私は百姓女」より)。太古の人々は、狩猟《しゅりょう》生活の中で食いつめたのだろう、かれらはその苦しみの中で、工夫をくり返し農耕《のうこう》をはじめたのだろうとも彼女は綴《つづ》った。

農業や漁業といった生業を支える思考は、生きることのかなり根源的な部分の中で成立している。一次産業というのは、食べることと生きることがシンプルにつながっている。

けれども、そうしたシンプルな価値観は、市場での競争をその原理とする近代資本主義とは相容れない部分がある。五穀豊穣《ごこくほうじょう》を祈ってコメや野菜、魚が大収穫になれば、むかしは素直に喜ぶことができたし、さんざん書いたように、飢饉のときは壮絶だ。自然は均質化《きんしつか》された商品をタイミングよく生みだせるものではない。とうぜん、近代の市場原理は、そんなものを許さない。しかも、たとえ収穫が多くても、それが市場の需要と供給のバランスを失えば、豊作でも貧乏になる。そして、だからこそ、農業や漁業の一次産業は、やがて行きづまっていったのだろう。結果、スーパーマーケットに食料があふれればあふれるほど、わたしたちは、一次産業そのものに無関心になっていった。食べものが少ない時代には、あれほど、みんなコメにも魚にも執着していたのに。

だけど、もういちど、みんなに考えてほしい。わたしたちが、いま、ここで生きるためにほんとうに必要なものって、何だろう。

安藤昌益の考えたことを思い出してみよう。汚染された土や海は、ひょっとすると、わたしたちのからだの一部なのではなかったのか。傷つけられた土や海の「痛み」を、わたしたちは、ほんとうに感じられているだろうか。まったく鈍感になってはいないだろうか。

放射能汚染の不安が日本社会を覆《おお》いはじめたとき、わたしがいちばんはじめに感じた違和感は、いま起きている土と海の汚染が、自分のからだの一部で起こっている、ということを誰も語らないことだった。遠くの災いみたいに話をしている。人間は食べなくては生きてゆけない。当たりまえのことなのに、どこかでやり過ごせる、と考えているのかもしれない。だけど、いま生きているひとたちは、たぶん一生、この国で生きている限り、この汚染と向き合うことになるだろう。これから生まれるひとたちも、生まれながらにそれを背負いこんでしまうことになるだろう。

ああ好い雨だったと眼を細める。私たちの胸の底では、さあさいごの一踏張《ふんば》りだ。みごと育っておくれと念願しながら、早くも土に浸み込んだ充分の雨水をのんで、自分自身が福々しくいもにふくれ上がっている。

（吉野せい「いもどろぼう」より）

自分のからだが土にも海にも、そしてコメにも、いもにもなりうるという感覚が、わたしたちには、ない。田畑を耕す農家や、海を相手にする漁師には、その感覚があるのだと思う。この放射能汚染の中で、どんなに苦しい気持ちの中に身をさらしているのだろうか。

都市と近代社会の中でつくられた多くのわたしたちのからだは、もっぱら、人間どうしの間でのみ傷ついたり、病んだりする。身体感覚を「取り戻せ」なんていわないけれど、自分のからだとつながっているはずの世界のことを想像してみることは大事なことだろう。それは人間どうしだけではなくて、穀物《こくもつ》や野菜や魚との間にもあるのだということを。

土と海と、からだ

「農業や漁業で生きるという方法があることを、だれも僕に教えてくれなかった」。医者の息子だった杉田徹《すぎたとおる》さんにはじめて会ったときに聞いた言葉だ。百姓のこどもとして育ったわたしからすれば、ずいぶんめずらしいことをいう人だなあと思った。杉田さんは、長い間、ヨーロッパを歩きながら写真を撮って暮らしてきたひとだった。あるとき、彼は、一念発起《いちねんほっき》して、わたしの家の近くで農業をはじめた。村の外側の人間が農業をはじめるって、じつはとてもたいへんなことだ。杉田さん夫妻は、戦後に開拓されたかなり山奥のほうに、豚の牧場をひらいた。

そこで、杉田さんたちがはじめた養豚業《ようとんぎょう》は、とてもユニークなものだった。通常の養豚といえば、せまい豚舎《とんしゃ》に豚を飼って、生まれてから半年たらずで出荷するということがほとんどなのだけれど、杉田さんのやり方はちょっと違っていた。「結局食べちゃうんだけどさ、もうすこし生かしてやりたいと思うんだよね」といって、放牧場の中に、豚を放し飼いにして二年以上育てている。一般的な養豚業では、二年も豚を飼っていたのでは採算がとれないから、そんなの不可能だといわれるけれど、杉田さんは、いろいろ工夫しながら牧畜養豚を実現している。それから、豚に与える食事も、輸入飼料は一切使わない。価格が高いからだ。豚のエサは、港での魚のアラや大豆のオカラなどを集めて自家調達《じかちょうたつ》できるようにしている。とても手間のかかる牧畜養豚だ。それでも、杉田さんは、そういう農業のやり方を、生きかたとして選んだのだろう。毎日の生活で使うテーブルや椅子、ベビーベッドまで、山から伐《き》ってきた木材で手作りしていた。生活の身の回りのものも可能な限り自給自足で調達していた。

津波のあった三陸の町で、杉田さん家族は四人で暮らしている。山の奥に住んでいるから、津波にはあわなかったけれど、放射能汚染の心配はある。わたしの家の牛も、放射能汚染の全頭検査の設備が整うまで、出荷自粛《しゅつかじしゅく》と出荷停止になった。市場はいまも、暴落《ぼうらく》し続けている。東北の家畜農家が直面している現実は、とても厳しい。農業のいいところは、自分で好きなように、仕事の工夫ができるということだ。けれども、自然災害はいつ起きるかわからないし、今回のような先の見えない汚染の広がりが、家族の運命を左右することが、いくらでもある。

杉田さんの場合は、育てた豚をいったん、と殺場へ持ち込んで、放射能などの検査を通過させ、市場を通さずに、直接、パック詰めの状態で消費者に宅配で届けるという方法で豚肉を販売している。こうした生産者と消費者のあいだの信頼関係に基づく仕組みがあって、なんとかいまの時点でも成立しているのだと思う。東北には、産直（産地直送）経営の農家もすくなくないが、この放射能汚染の広がりで、産直を断念する農家があとをたたない。土壌《どじょう》や農薬のことなら、農家はいくらだって努力できる。信念を持って有機農業を続けてきた農家もたくさんあった。けれども、その信念ごと、すっかり打ち砕《くだ》かれ、みんなが途方《とほう》に暮れている。

農業や漁業をして暮らすことは、土や海と関わって生きていくということだ。極端な経済発展にとらわれて、わたしたちのからだを直接的に侵害してゆく環境汚染や公害に鈍感になってゆくと、わたしたちは、この地球で生きられなくなる。生きられなくなるのは、もちろん人間ばかりではない。動物も植物も食物連鎖の中で汚染されていく。いったん汚染されてしまった土壌や海をもとの状態に回復するまでには、とてつもない年月を要する。もちろんそのための経費もまた莫大《ばくだい》なものになる。そのことは、原発事故がおきてから、みんなが実感したことだと思う。

わたしたちは、いつの間にか、自分のいのちを支える、あたり前の食べものさえも得られなくなっているのかもしれない。たとえ一次産業に関わる仕事をしていなくとも、みんなのいのちの源泉を失うわけにはいかない。どんな仕組みならば、わたしたちみんなが安心して毎日の食卓につけるようになるのだろう。農家も自分の作った野菜や育てた肉が、安全だと胸を張っていいたいはずだ。いまは、その自信がすっかりくじかれている。

経済の繁栄《はんえい》や成長という磁場《じば》から、すこしだけ解き放たれて、「豊かさ」の指標をすこしかえてみることが、これからは必要になってくるだろう。

きれいなたべものとときもの

宮澤賢治《みやざわけんじ》の『グスコーブドリの伝記』を読んだことがあるだろうか。

ブドリの家族は、イーハトーブの大きな森の中で家族仲良く暮していた。けれども、イーハトーブを襲ったほんたうの飢饉によって、お父さんとお母さんを失い、ブドリとその妹のネリも生き別れになってしまうという、悲しい物語だ。直接作品に触れてほしいので、ここでは細かな筋書きを書かない。

もっとも、この物語が導くような結末を、いま、わたしは望まない。地震や津波、飢饉があって両親を亡くしても、ブドリのように村に殉《じゅん》じて犠牲《ぎせい》にならないだけの社会的な成熟《せいじゅく》を達成してほしいと願うからだ。

わたしはこどものころ、宮澤賢治の作品がとても苦手だった。いちばんはじめに読んだのは、たしか小学校一年生か二年生くらいのときで、『セロひきのゴーシュ』だったと思う。何度読んでも、どうしても、ゴーシュが好きになれなかった。あるいは、そのあとに読んだ化け猫の出てくる『注文の多い料理店』も、嫌いだった。宮澤賢治の物語には、なんだかその先に残酷《ざんこく》なことや、とてもつらくて厳しいことが待っている予感がした。もちろんむかし話にだって、悲惨な話はたくさんある。その中でも、宮澤賢治の童話は、内容のむずかしさもあったけれど、自分と距離のおけない空気をなんとなく放っていたから苦手だったのかもしれない。なんだかとくべつ生々しく感じられるものがあったせいだろう。唯一《ゆいいつ》、こどもだった自分が、賢治の書いたもので、すんなりと気に入った文章といえば、『注文の多い料理店』の序文だった。


わたしたちは、氷砂糖をほしいくらゐもたないでも、きれいにすきとほつた風をたべ、桃いろのうつくしい朝の日光を飲むことができます。

またわたくしは、はたけや森の中で、ひどいぼろのきものが、いちばんすばらしいびろうどや羅紗《らしゃ》や、宝石いりのきものに、かはつてゐるのをたびたび見ました。

わたくしは、さういうきれいなたべものやきものをすきです。

これらのわたくしのおはなしは、みんな林や野はらや鉄道線路やらで、虹や月あかりからもらつてきたのです。

ほんたうに、かしはばやしの青い夕方を、ひとりで通りかかつたり、十一月の山の風のなかに、ふるえながら立つたりしますと、もうどうしてもこんな気がしてしかたないのです。ほんたうにもう、どうしてもこんなことがあるやうでしかたないといふことを、わたくしはそのとほり書いたまでです。

ですから、これらのなかには、あなたのためになるところもあるでせうし、ただそれつきりのところもあるでせうが、わたくしには、そのみわけがよくつきません。なんのことだか、わけのわからないところもあるでせうが、そんなところは、わたくしにもまた、わけがわからないのです。

けれども、わたくしは、これらのちいさなものがたりの幾きれかが、おしまひ、あなたのすきとほつたほんたうのたべものになることを、どんなにねがふかわかりません。

大正十二年十二月二十日　宮澤賢治

どうして、この文章が当時気に入ったのかといえば、たぶん賢治のいっている「きれいなたべものやきもの」のことが、自分にもわかる気がしたからだ。この文章が、なにかユートピア的なものを語っているとは、むかしもいまも思えない。

それでも、朝焼けや夕焼けのとき、あるいはすすきの山を歩いているとき、そして風が吹くときに、自分が感じていることと重なったからなのだと思う。もっとも、それにはすこしばかり想像力が必要だった。ここには、いま置かれている自分の切実な状況からふんわりと、ほんの少し抜け出すための、あるいはそんな状況を客観的に見るための知恵が書きつけられているような気がした。厳しい現実から逃れられるというわけではないけれど、陽を浴びることや風に吹かれることに、たとえば本を一冊読んだのと同じだけの、あらたな世界の入り口があるのかもしれないと感じられた。そこから、〈イーハトーブ〉というもうひとつの世界を、宮澤賢治はみつけたのかもしれない。

いま起きている放射能汚染の向こう側に、もうひとつの故郷を想像してみる。まだ、がれきの残っている港の町々に、もうひとつの風景を、想像してみる。災害の記憶が生々しいいまは、まだむずかしいかもしれないけれど、どこかの時点で、将来の自分を描くことが必要になる。だれにも、何にもとらわれずに。

故郷は未来にある

三月一一日。

放射能汚染が国土を浸す現実の中で、わたしたちの眼差《まなざ》しが一九四五年の広島と長崎へ、もはや届いていなかったことがあきらかになってしまった。あるいは、ほんの七十年前の植民地支配の忘却《ぼうきゃく》。被害も加害もコインの裏と表でできていることを、あらためて問いたい。「生きること」を全うしようとする意志が根本的に薄れてしまってはいないだろうか。「生きること」とは、自分と、自分をとりまく人々、自然やこの世界との関わりに支えられて成り立つ、毎日の暮らしのことだ。

世界で唯一、原子爆弾での「加害」を受けた国が、まるで腹を空かせた蛇《へび》が自分のしっぽを食べるようにして、原子力発電所の事故は起きてしまった。この国に生きるひとの多くが、もはや、原発と田んぼが共存している風景を不思議だとは感じないほどの鈍感さの中で、自分自身への「加害」が起こってしまったのだ、とわたしは思う。わたしたちは、あたり前に生きるようとする意志さえ、喪失《そうしつ》してしまったのだろうか。

敗戦した日本の貧窮《ひんきゅう》はすさまじいものだった。日本を復興《ふっこう》したのは、経済人ばかりではない。食糧不足を補うために一次産業に従事するひとびとの努力は、筆舌《ひつぜつ》を尽《つ》くしがたいものがあったはずだ。そして日本は、経済成長に突き進む中で、農産物の輸入開放をすすめ、結果、マーケットには輸入食料品があふれるようになった。

わたしは、外国産の食糧を食べるなといっているわけではない。しかし、市場競争を激化させ、価格をどんどん下げるべきだなどとも思ってはいない。そういったこと以前に、自分たちの食べるもの、自分たちがほんとうに必要だと思うものを自給するというあたりまえのシステムを、いまはまず虚心《きょしん》に考えるべきだと思う。同時に、市場に食料品があふれればあふれるほど、食べものに無頓着《むとんちゃく》になっていく、わたしたちの愚《おろ》かさを問いたいと思うのだ。

自分のからだをつくっている食糧、この国土でつくられている食べものが、摂取できないほどに危険なものなのではないかという疑問をもたなくてはならないということほど、悲しいことはないだろう。

国土の汚染がすすみ、限られた土地でしか農業も漁業もできなくなるということになれば、必然的に国内産の食糧は値上がりして、自分の国でつくられた食品を手に入れられるひとは限られてくるだろう。あたり前の食べものをみんながあたり前に食べられず、土壌《どじょう》も海も汚染されてゆく「故郷」を、わたしたちは目の当たりにしている。欲望のままに、おそらくは、本来の必要なエネルギー以上のものを確保するために、あるいはこれ以上の経済的繁栄を妄想《もうそう》するがために、人間ばかりではないだれもがその内側に宿している、「生きようとする力」が奪《うば》われてはならない。逆に、その力を仲立ちとして、もっと繊細《せんさい》に世界をみるべきときが来ているのだと思う。

この本のいちばんはじめに書いた言葉をくり返そう。いま、目の前に広がった荒野を「生きられる風景」へと変えてゆけるのは、年若いひとたちだ。いまはひたすら、少しずつ、種をまいていこう。将来の〈東北〉は、生まれたいのちを生かす故郷に、きっとなるのだから。

わたしは、そのヒントが、農業と漁業にあると考えている。農業や漁業といった生業は、食糧を生産するだけの労働として存在するのではない。農業や漁業といった

「生」のありかたが大切なのは、土地や海といった自分をとりまく世界に働きかけながら、いのちそのものを生み出す暮らしをかねそなえているからだ。

この土地の地層深くには、癒しがたい、いくつもの「傷つき」が眠っている。それはたぶん、東京で暮らすわたし自身が、故郷の方言を話せないという心の問題にもつながっているだろう。わたしの内面に巣食っている「恥ずかしさ」の由来《ゆらい》を掘り起こすことが、わたし自身のはじまりになるのかもしれない。地方や田舎にはらまれた気おくれが、自分を支える大切な暮らしを押しつぶさないだけの賢明《けんめい》さを持ち合わせながら、あたらしい世界を描かなくてはならない。

一〇〇年後の〈東北〉で暮らすひとびとを、想像しながら。

「あとがき」にかえて

近代における地方文化《じかたぶんか》の研究には、おびただしい蓄積がある。郷土史研究会を発起した柳田国男や新渡戸稲造の地方学があり、東北文化の研究としては喜田貞吉なども多く仕事を残している。また、東北各地の大学や自治体を拠点にした、歴史学、民俗学、農村社会学にいたるまで、東北地方を扱う分野だけでも膨大な資料がある。

東北学ということでいえば、東北古代史における高橋富雄氏、そして、東北を知の運動の拠点として昇華させたのは赤坂憲雄氏の一連の仕事であった。あるいは、東北民衆の戦争責任や出稼ぎ労働者の現場に対峙してきた野添憲治氏や、一次産業の現場からの結城登美雄氏らの仕事も、つとに知られている。

『こども東北学』という書名は、いうまでもなく、赤坂憲雄氏が創刊された『東北学』からいただいた。東北と向き合うひとの数だけ東北学も存在する。それぞれが好きなように東北学をやればいい。そんなようなことを、赤坂さんはおっしゃったと思う。不遜だということは百も承知している。けれども、途方もない破壊のあとで、それ以外のタイトルを思い浮かべようもなかった。わたしの内側では、故郷の危機とともに、つねに「東北学」があったからだ。

雑誌『東北学』が創刊されたのは一九九九年だった。わたしはそのころ、町のちいさな民俗資料館で仕事をしていた。二一世紀になって、わたしの故郷の「衰退」は、火を見るより明らかだった。覚悟はしていたつもりだった。けれども、統廃合で村から学校が消えたことにはじまり、とても具体的に、ぱたりぱたりといろいろなものが撤退《てったい》して行った。さまざまな試みも、つぎつぎと失敗をくり返していった。そして、村は年寄りばかりになった。どうしようもない気持ちで毎日をやり過ごしていた。

そんなとき、「東北学」という礫《つぶて》があることを知った。「東北」というものが、知としての存在を許されていることを知った。奇妙な言い方かもしれない……知として許されている。東北ということと「知」のあいだには、手の届かない隔たりと見放しがあると、ひとりでに信じ込んでいたのだと思う。この世の中に「知」になることが許されないものなどない。そんなことさえ、知らなかった。

甚大地震と大津波、そして原発事故を前にして、一歩も進めそうにない自分が、ここにいる。故郷の壊滅を目の当たりにした日。あまりの衝撃で、人間の理性もろとも壊れてゆく現場にいくども立ち会った。もはや修復不可能に思えた人間のクレバス。けれども、ここでわたしたちは、あきらめるわけにはゆかない。だれもが、自分のうちに持っている、「あたり前に生きようとする力」を仲立ちとして、ひたすら未来を描くことを続けたい。

＊巻頭イラストに添えた「ぎんがぎが」という言葉は、宮澤賢治作品「鹿踊りのはじまり」からいただいた。宮澤作品中の「ぎんがぎが」とは、まぶしく輝く「ギラギラ」を意味するオノマトペと考えられている。わたしの郷里でも、しばしば「ぎんがぎんが」「ぎがぎが」という方言のオノマトペが話されている。

＊第一章所収の「狐に化かされたじいちゃんの話」は、『別冊東北学 vol.3』（赤坂憲雄・森繁哉責任編集、東北文化研究センター、二〇〇二年）掲載の「亡き祖父との対話――狐に化かされた男の深淵――」に加筆、修正を施した。

＊二九頁の「日本」という呼び名については、鵜飼哲氏の「新たなアジア的対話のために」（『主権のかなたで』所収、岩波書店、二〇〇八年）を参照させていただいた。鵜飼氏は、「日本」という呼び名が「ここは中国ではないと中国人に伝えるために中国語で発せられた、起源の言語行為の痕跡をとどめている」と指摘している。

＊一一二～一一三頁の「御触書」については、中島陽一郎『飢饉日本史』（雄山閣出版、一九七六年）より、一部抜粋し掲載させていただいた。本書でとりあげた御触書は、江戸時代の法令で、農民を統制するために通達されたもので、「徳川禁令考」などに所収されているものを、中島氏が簡潔にわかりやすくまとめられている。

新版のための増補

「こども東北学」のトリセツ

東日本大震災から一四年が経とうとしている。震災直後のころは、時間の流れがとても遅いなと、わたしには感じられた。ものすごい量の被災物が、仰《あお》ぎ見るように積まれたまま、片づけることもそう簡単なことではなかったし、福島へ行っても、時間が止まったままのように思われた。

けれども、いま日本列島のあちこちで年がら年中、災害に見舞われるような状況になっていて、大きな地震や水害、山火事などがこの一四年間でどのくらい起きたのか、すべてを思い出すことが難しくなっている。ひとつひとつが重大な出来事なのに、ありふれたことになりつつある。日本は、環太平洋火山帯の真上に位置しているから、地殻変動《ちかくへんどう》に伴《ともな》って地震のみならず、火山活動も活発化している。小笠原諸島の西ノ島は、噴火のたびに島がどんどん大きくなっていて、まるで創世神話でも見ているようだ。いまは無人島のあの島に、ひとが住む日が来るのだろうか。

あるいは、人間がみずからの暮らしを顧《かえり》みずに生活の利便性を求め続けたつけがまわって、気候変動問題もより一層深刻化している。夏から秋にかけての台風は俳句の季語でもあるけれど、以前よりもずっと規模や回数が増えている。そして、灼熱《しゃくねつ》の長い夏が続いて、秋の季節がなくなりそうだ。まるで地球が、人間を振り落とそうとしているように感じることさえある。

それだけじゃない、人間が自然のふところ深くまで開発を進めてしまった結果、新型ウィルスのパンデミックが発生し、満足な社会生活を送れない日々が四年続いた。そして、新たな戦争や虐殺をとめることができないこの世界。第二次世界大戦から八〇年が経とうとしているこの世界はいま、とても不安定だ。

福島原発事故以後の被ばくの受け止め方、どの程度を安全・安心と判断するのか、専門家さえも意見が分かれている。そして、地域社会も家族もバラバラになっていった。コロナワクチンを接種するかしないかの判断も、社会を混乱させていった。友だちと直接会うこともできず、会社や学校へ行くこともかなわない日々のなかで、次々に連鎖《れんさ》していく世界の争いと並行《へいこう》しながら、SNSは双方《そうほう》が双方を罵倒《ばとう》する言葉で満ち満ちている。AIを利用して捏造《ねつぞう》された画像や動画も溢《あふ》れている。AIは自分にとって興味のある話題を、こちらから頼《たの》まなくてもどんどん届けてくる。熱心に調べれば調べるほど、異論を差しはさむ余地のないほどに、似たようなニュースばかり届けられるようになってくる。こうして、フェイクニュースや陰謀論《いんぼうろん》が、まるで真実のように聞こえてくる時代になっている。AI

は、物事の価値判断ができるわけではない。たとえ、それらしいことをAIがカモフラージュできるとしても、物事の善悪《ぜんあく》や真偽《しんぎ》それ自体を、AIは判断できない。

こんな時代は、お互いの顔を見ながら議論することがとても大事だと思う。そして少しくらい揉《も》めても、ひととひとの対話をすることだ。あなたとわたしのあいだに、分かり合える部分と分かり合えない部分の両方があることの方が当たり前なのだ。そうした完全には分かり合えない社会のなかでもそれなりに同意できる〝共通理解〟を見出しながら、人間は共存してきた。だが、周りの人間が敵ばかりに見える時は、自分自身にも用心した方がいい。他人が、自分と同じ考えでなければ許せない、と思うときに戦争がはじまるのだと思った方がいい。

ひとりひとりは、個別に存在しているけれど、それでも人間のつくった世界はつながっている。だからそれが遠くの災害や戦争でも、自分の傷つきになっていく。今日、この時間にも、世界中で無残に殺されている人びとがいて、小さなこどもや君たちのような中高生が弾薬《だんやく》に吹き飛ばされ、死んでいる。同じ地球に暮らしているのに、これほどまでに命の扱《あつか》い方が違うのはどういうことなのだろう。そして、自分はいま日本に暮らしているけれども、止められない戦争のどこかに、自分自身が加担《かたん》しているのではないかって、わたしは考えてしまう。戦争にドローンやAIを搭《とう》載《さい》したロボットを使用すれば、兵士のPTSDは防げるという人がいる。そういう兵士ロボットを福島の復興政策で開発すれば儲《もう》かるというひとの言葉をわたしは実際に聞いたことがある。わたしの考えは違う。それがどんなに高性能のマシーンでも、兵士の心身はズタズタに切り裂《さ》かれるだろう。そして、そんなロボットを送り出してしまったら、地域も傷つき、壊《こわ》れていくだろう。向こう側とこちら側の考え方はどこまでも対立するけれど、限りなく果てしない対話を諦《あきら》めないことも、今の時代は大事なのだと思う。

メディアをはじめとする近代のあらゆる技術革新が、なぜ平和な世界を実現できないのだろう。なぜ、八〇年間戦争をしてこなかった日本が、今になってデュアルユース（軍事両用技術）を国家の産業政策に掲《かか》げているのだろう。ひとを殺す技術をつくることは、明日の幸福な未来をつくることにつながるとでも言うのだろうか。そんな〝共通認識〟を日本の国民の多くが持っているようには思えない。自分が敵だと思っているその国は、ほんとうに敵なのだろうか。なぜこんなにも、見知らぬ相手の「悪魔化」に躍起《やっき》になっているのだろう。

＊

わたしは、「東北」を考える時、いつもこんなことを思う。

東北地方の地域住民であり、日本列島の先住民だった古代に「エミシ」と呼ばれた人びとは、中央の大和政権から「まつろわぬ民（天皇を祀《まつ》らない民）」と見なされ「エミシ」という蔑称《べっしょう》を名付けられ、悪魔化された。この土地に暮《く》らしていた先祖たちは、「エミシ」だの、「鬼」だの「野蛮《やばん》」、「猜疑心《さいぎしん》のあるオオカミ」だのと呼ばれていた。

中央が辺境を支配しようとしたり、権力が領土《りょうど》を広げようとする欲望、あるいは世の中が不安定になって、何かを敵味方に二分しようとする力が動いているとき、差別や排外《はいがい》の声が大きくなっていくときは、自分たちの過去をさかのぼって、排除《はいじょ》された歴史を思い返すことがとても大事なのだと思う。自分が嫌《いや》だと感じたことを他人にしてはいけないし、自分の成長を培《つちか》ってくれた故郷の土や海を大事に次の世代に手渡していくこと。「こども東北学」にとって大事な考え方は、まさにこの部分なんだ。

時空を超えてメディアを考える——安藤昌益《あんどうしょうえき》の自然の世《よ》VS法世《ほうせ》

『こども東北学』には、魅力的なイラストが散りばめられている。これを書いてくれたのは、イラストレーターの及川賢治《おいかわけんじ》さんだ。表紙には福島の原発建屋《たてや》と「東北」の田んぼの風景が広がっている。東北地方は、一見牧歌《ぼっか》的《てき》な田んぼの風景が広がっているようにみえるけれど、こうして原発と併存《へいぞん》した風景にもなっている。そして表紙カバーを外すと、桃太郎みたいにも見えるけれど、たくさんの「コメ男」が描かれているでしょ。これも及川さんが描いてくれた。

実はコメのなかにひとが入っている絵を最初に書いたのは、江戸時代中期の秋田藩《はん》に生まれた安藤昌益だ。安藤昌益の『自然真営《しぜんしんえい》道《どう》』は、高校の倫理の教科書にのっているから、聞いたことがあるひともいるだろう。昌益が描いた「米粒中二人具《そな》ワル一真《いっしん》ノ図解」をじっくり見てほしい（左）。発想がかなり独

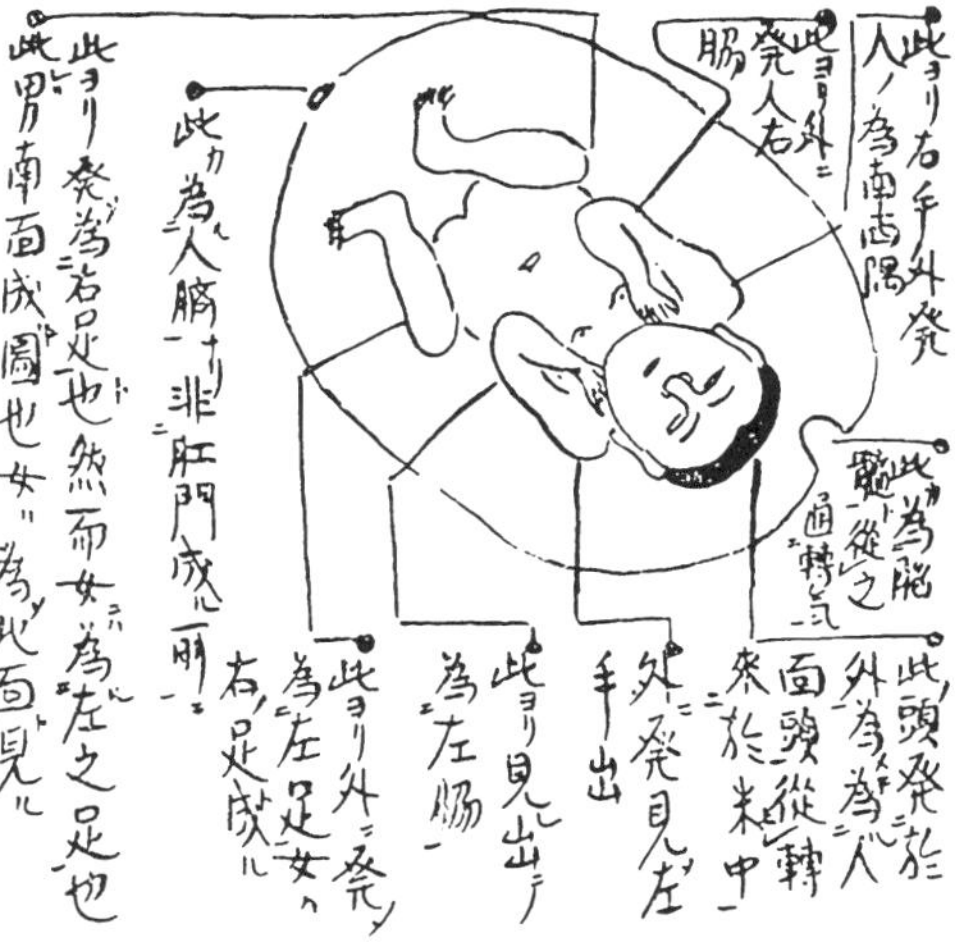

特だ。でも、この絵をはじめてみた時、わたしは、この宇宙や自然とつながってひとが生きているという感覚は大事なのではないか、と思った。

昌益に言わせれば、宇宙とひとを米が媒介《ばいかい》しているという理屈《りくつ》のようで、米粒の胚芽《はいが》の部分は南極で、お尻の肛門《こうもん》部分につながっているのは北極らしい。そして天地は大宇宙で、人間は小宇宙になっていて、その大宇宙と小宇宙を取り結んでいるのがコメなどの穀《こく》物《もつ》なのだという。昌益はこの世界をそんな風に解釈していた。だから昌益の考えでは、田畑を直耕《てづからたがや》すことは天地に働きかけることで、その米を食べて小宇宙の人間が生きるのだ、と考えていたのだと思う。こうして直耕《ちょっこう》して宇宙に働きかけるひとの在り方に徳があるの

だという。そういう、人間本来の生き方を「活《かっ》真《しん》」、あるいは「土《ど》活真《かっしん》」と呼んでいた。たとえば、こんな風に書いてある。

自然真《しぜんしん》・自感《じかん》・進退《しんたい》ノ無始無終《むしむしゅう》ノ全体ノ転《てん》定《ち》ニシテ、転定《てんち》ノ精気《せいき》・穂穀《ほこく》・鞘穀《さやこく》ト成リ気《き》血《けつ》ノ基《もと》ヲ為《な》シ、転通《てんつう》・定横《ちおう》・中土穀《ちゅうどこく》、逆《ぎゃっ》気極《ききわ》マリテ発通《ほっつう》ノ気、人ト生《な》リ、穀《こく》ヲ食《しょく》シ穀《こく》ヲ耕《たがや》シ穀《こく》ニ生精《せいせい》シ、転定《てんち》ト穀《こく》ト進退《しんたい》・生《せい》死《し》シテ祖父祖母・父母・吾《われ》・子・孫ノ五倫《ごりん》ニシテ一身《いっしん》ナリ。

（訳）
自然界の根源的物質である真が進退の自己運動をして、始めも終わりもない天地宇宙となり、天地の精気《せいき》が凝縮《ぎょうしゅく》して穀物《こくもつ》となり、人はこれを生気・血液の源泉《げんせん》としているのである。つまり人は、空と海と大地とを通・横・逆に運回した気が逆気《ぎゃっき》の穀物を経て形成された通気の存在であり、穀物を食べ、消化し、穀物を栄養として、子を生み出すのである。このように、人は天地を祖父母・穀物を父母として生まれ死んで天地に帰し、ふたたび穀物をへて人として生まれ来るという進退運動をくり返しているのである。

「自然真営道第一　私制字書巻一」所収『安藤昌益全集　第二巻』一〇三頁

ちょっと言葉使いが難しいし、独特《どくとく》な考え方ではあるけれど、天地に働きかけて作物を育て、それを食べて身体をつくり、子どもを産み育てるという宇宙のサイクルについて、昌益はこんな風に考えていた、ということが分かればいい。

昌益は、思想も図解もユニークだけれど、文字の使い方もかなり独特だ。「直耕」は、〝ちょっこう〟とも読むけれど、〝てづからたがやす〟とも読ませる。機織《はたお》りのことは「直織」〝ちょくしょく〟と言ったり、「活真」は〝かっしん〟とも読むけれど、訓読みでは〝いきてまこと〟という。直耕・直織をして生きることが〝いきてまこと〟なのだと説く。

じつは昌益は、こうした活《い》きて真《まこと》の世界を破壊《はかい》してしまったのは、エリートが文字を支配したからではないか、という深い疑念《ぎねん》を持っていた。エリートが文字を支配する社会のことを昌益は「法世《ほうぜ》」と呼んで批判している。「法世」に対して直耕・直織する人びとの暮らしを「自然世《しぜんせい》」と呼んだ。この議論は、江戸中期における北東北のメディア論なのだとわたしは思っている。たしかに突飛《とっぴ》な話がたくさん書かれているのだけれど、読んでいて「なるほど」と思うことも少なくない。

エリートが文字を支配し、直耕しなくなり、誰かのつくった食料をかすめ取るようになると宇宙の仕組みは成立しなくなる、と昌益は考えていた。とはいっても、江戸時代の時点で、すでに人類は長い年月、文字を使用してきたし、昌益自身も町医者として生きていくために文字を読んで勉強していたはずだ、さすがに文字を失くすということはできない。

そこで、昌益は、自分の納得のいく文字使用にするために分厚い「私制字書」まで書いている。だから、安藤昌益の思想を理解しようとするときは、昌益の文字の使い方を知らないと理解できないということになる。

たとえば、「天地」という文字は、『自然真営道』では「転定《てんち》」と書く。こうした文字使用については、昌益なりの細かな考え方があって、天と地には上下関係がまとわりついているのでよくない。天にも地にも上下関係はない、という考えから「天地」を「転定」と書くのが昌益の『自然真営道』なのだ。また、「男女」と書いて〝ひと〟と読ませるのも、平等主義の昌益ならではの読み方だ。

ところで、なかながと安藤昌益のはなしをしているけれど、この昌益の文字社会への批判は、いま私たちが直面している世界にもごく似たようなことが言えるのではないかと、わたしは思っている。

近代社会は、それまでの書き言葉だけではない、新しいメディアを続々と登場させた。電信、電話、テレビ、ファックス、通信機器としてのコンピュータ、ポケベル、携帯電話（ガラケー）、そしてスマホ（コンピューターと電話の融合《ゆうごう》）。携帯電話の時代はまだ電話とメールの役割が強かったけれど、スマートフォンになるとたくさんのアプリが搭載《とうさい》できるようになった。そして、SNSの時代が到来《とうらい》だ。

現在のようなテック産業が隆盛《りゅうせい》したきっかけは、一九九一年のソビエト連邦の崩壊《ほうかい》による冷戦の終結だ。

すこし歴史をさかのぼって解説すると、一九四五年八月一五日に第二次世界大戦は終結した（ちなみに、今年は第二次世界大戦が終結して八〇年の節目になる。広島・長崎への原爆攻撃《こうげき》からも八〇年だ。）。しかし、自由主義国のアメリカ合衆国と共産主義国のソビエト連邦は、世界を二分するほどの対立を深めていった。一九四六年にイギリス大統領を退任したばかりのチャーチルが「鉄のカーテン」演説をおこなったが、ヨーロッパ大陸もまた東西に分断されていった。アメリカとソビエトは、戦火を交えないまでも、冷たい戦争が四四年も続いた。こうした冷戦構造のなかで、アメリカの軍事費も膨《ふく》れ上がっていったのだが、ソビエトが崩壊したことにより、一応の冷戦は終結し、このことによって当時のアメリカ大統領クリントンは、それまで軍事機密《きみつ》だった情報・通信網を民間払い下げしたのだ。こうした軍事技術を民間でも利用できるようにすることをデュアルユースと呼ぶ。こうして台頭《たいとう》したのが、現在のGAFAMと呼ばれる巨大テック産業だ。

インターネットが本格的につながりはじめた頃のことを、わたしはよく覚えている。一九九五年にはじめてアップルコンピューターを購入した時、インターネットはつなぎ放題ではなかった。記憶が正しければ、一か月二〇時間とか三〇時間で契約していた。こうして、東北の田舎にもITが浸透《しんとう》しはじめたあの頃、わたしは、これからの時代はどんな場所に暮らしていても、世界中の情報を得ることができる時代になって、貧富の差とか、学歴の差も縮まるのではないかと牧歌的に思っていた。だから、新しいメディアの到来ということに浮かれているばかりで、ほとんどその負の影響についてては無頓着《むとんちゃく》だった。日本にインターネットが本格的に普及《ふきゅう》した一九九〇年代半から三〇年以上を経て、今に生きるわたしたちの世界は、三〇年前と本質的な意味で、どんなところが変化しただろうか。より民主的な社会へと変革《へんかく》しただろうか、戦争は止んだだろうか、貧富の格差や、あらゆる差別は無くなっただろうか。

わたしは、三〇年前よりも世界が民主的になっているとも思えないし、世界が平和になるどころか、戦争が激化しているように見える。一見、みんなそれなりに豊かさを享受《きょうじゅ》しているように見えるけれども、貧富の格差も差別も、激しくなっているように思える。男女格差やセクシャルマイノリティ問題、外国人差別をなくす試みは続いているけれど、テック産業がそれを十分にフラットにしているか、というとそうも思えない。むしろ、SNSの普及に伴《ともな》って、国内外の政治的の分断や移民排斥《はいせき》やセクシャルなヘイトは深刻化しているようにも思える。今も、超巨大テック起業家の数十名ほどが、この世界を牛耳《ぎゅうじ》っているけれど、ネット社会は利益優先《りえきゆうせん》の世界を極《きょく》限的《げんてき》につくってきたのではないだろうか。

YouTubeなどでの意図的炎上行為や犯罪に抵触《ていしょく》する動画が高い視聴回数をたたき出し、それが金銭を稼《かせ》ぐ手段となっていたり、SNSで犯罪を誘発する〝高額バイト〟の告知がおこなわれていることも、きみたちは知っているだろう。こうした犯罪は三〇年前には存在しなかった。わたしたちは、いったい、どこでどんな道を選択《せんたく》すれば、新しいメディアに起因する多くの犠牲者《ぎせいしゃ》——悪質化するヘイトや若年層の自殺、陰謀論を起因とする抗争《こうそう》など——を出さずに済《す》んだのだろう。
たぶん、三〇〇年前に安藤昌益がメディアとしての文字社会について考えた時も、今のわたしと同じように、似たような問題関心《もんだいかんしん》だったのでは、と思うのだ。

時空を超えて生命を考える
——自《ひと》り感《はたら》く宇宙

こども百姓《ひゃくしょう》だったわたしは、今も大切に思い続けている確信がある。それはとてもシンプルなことで、土を耕してタネをまけば、ひとは生きていける、ということだ。わたしはこのことを、原子力発電所の爆発事故のあとには、なおさらに、思い悩むほど、何度も何度も考えるようになっていた。

土って、わたしにとっては、とても大切なものだ。

地球が誕生したのは四六億年前のことで、原始地球は生命が生きられるような場所ではなかった。長い長い年月をかけて、ドロドロのマグマが固まって、地球の表面は硬い岩石になった。この時、まだ地球上に、土は存在していなかった。

雨が降って、雨がどんどん降って、それが巨大な水たまりを形成し、三八億年前ごろには海になった。海のなかに生命が誕生したことは、みんなもどこかで聞いたことがあると思う。地球で最初の生命体は、それはそれはちいさな微生物《びせいぶつ》だった。そして、この生命の誕生とともに、地球の表面に土壌《どじょう》が形成されていくことになる。いや、「生命の誕生とともに」と言ってしまったけれど、どちらかといえば生命の誕生とともに、「死の堆積《たいせき》がはじまった」と言うべきなのかもしれない。

土って、この地球上に生まれたすべての動植物の遺骸《いがい》が堆積したものなのだということを、きみは考えたことがあるだろうか。草木が枯《か》れて、微生物が分解して粉々になって、のくり返し。それは動物も人間も同じだ。この地球上のあらゆる生命が死んで、土に還《かえ》る。わたしにとっては謎の多かった、エミシたちも土になったのだと思う。

もう一度繰り返すと、地球が誕生した四六億年前、地球上に土はなかった。生命が誕生し、限りなく無限の死、死、死……が土となって堆積している、ということだ。

そして、わたしはその累々《るいるい》と積み重なった死の堆積物にタネをまいて、死者たちのエネルギーを栄養にして、お米や野菜を育て、そしてわたしは生きている。

おわりのはじまり。おわりのない、この世界。わたしはこんな世界のことを、しあわせだと感じてきた。

似たような意味のことを、コメ男の安藤昌益は、こんな風に言っていた。

転定《てんち》運回《うんかい》シ時行《ときおこな》ハレテ、万物生生《ばんぶつせいせい》シ竭《つ》クルコト無《な》キハ、無始無終《むしむしゅう》ナル自然《しぜん》ノ真感《しんかん》、進《しん》退《たい》スル直耕《ちょっこう》なり。

「自然真営道 第一」所収『安藤昌益全集 第一巻』三七頁

（訳）

天地宇宙が運回し、季節がめぐり、万物生生が尽きないのは、はじまりもなく、おわりもない自然の真のはたらきであり、天地と人間の創造的な活動、すなわち直耕である。

ちょっとしつこいけれど、わたしは夜眠るとき、ドロドロのマグマが冷えて、まあるい地球の岩石になって、大雨が降って、生命が生まれて、地球がジャングルみたいな森になって、動物が走り回っているような世界の広がりになって、そして一方、死んで遺骸《いがい》になったかつての命が粉々《こなごな》になって、どんどん堆積していった四六億年の気が遠くなるような、土の形成過程を、ほんの二、三分、頭のなかで想像することがある。土に自分がタネをまくというイメージと共に。それはものすごい宇宙の仕組み。

しかし、そう考えながら、放射線のこと、気候変動による干《かん》ばつや水害や、あるいは人間の所業によって公害やエコシステムの破壊が起きていることも、同時に考えるようになった。海は生命が生まれたところ、そして土は地球上に生まれた生命の死が積もっている場所と考えると、海や土を汚し続けている人間はおろかだと思う。だけど、こんなことを言っているわたしも、遠くへ行くときは車に乗っているし、海外へ出かける時は飛行機も利用する。誰もが、地球を汚染《おせん》する近代技術に加担せざるを得ない時代。こんな状況を脱《だっ》却《きゃく》するために昌益は「直耕」を語っていたけれども、今、わたしが昌益と同じように全人類に近代技術を捨てて「直耕せよ」と言ってもほとんど響《ひび》かないだろう。だけど、こども時代のきみは、一度は「直耕」の経験をすることを、おススメしておくよ。自分の身体をつくるコメや野菜がどんな風にできるのかを知っておくことは生きるうえで、とても大事な学びだから。土にタネをまいて、芽《め》がでること、コメや野菜を収穫《しゅうかく》すること。そして魚釣りもね。

それにしても、土も海も汚すことなく、平和な世界をつくる方法って、あるのかな。

例によって安藤昌益をさらに引いてみよう。昌益は、災害（天災）についても論じていて、この世に起きる災害はすべて「人災」だと言い切っている。

人災ノ論

……人正気《ひとしょうき》ナル則《すな》ハ、転定《てんち》ノ運気《うんき》モ正気《しょうき》ニシテ、大風《おおかぜ》・妄雨《もうう》ノ不正《ふせい》ノ気行行《ききょうおこな》ハレズ、万物能《ばんぶつよ》ク生《しょう》ズルナリ。人《ひと》、和喜《わき》ノ気《き》ナル則《すなわ》ハ転定《てんち》ノ運気《うんき》モ和順《わじゅん》シテ薬物《やくぶつ》ヲ生《しょう》ジ、珍《ちん》悦《えつ》・幸福《こうふく》ナル事人《ことひと》ニ至《いた》ル。人常《ひとつね》ニ妄欲心《もうよくこころ》ニシテ、不耕《ふこう》ニシテ貪《むさぼ》リ誑《たぶら》カシ悪念盛《あくねんさかん》ンナル則《すなわち》ハ、其《そ》ノ悪心《あくしん》ノ邪気《じゃっき》常《つね》ニ呼息《こそく》ヨリ出《いで》テ転《てん》定《ち》ノ運気《うんき》ヲ汚《よご》ス。

（訳）

……吐《は》き出される人間の気がおおらかで正しいものであれば、天地のめぐりも正常で、台風や大雨といった異常気象にならず、万物も良く育つ。人の心がなごみ喜んでいるときは、天地の運気もなごみ、薬効《やっこう》のある草木を生じ、めったに無いような喜びや、めでたいこと、幸せなことを人に招《まね》く。ところが、人が常に欲望を持ち、働かず他人をむさぼり、他人をあざむいて、悪い心に満ちていれば、その悪心が邪気《じゃっき》となって人の呼吸から出て天地の運気を汚すのである。

「統道真伝五　万国巻」所収『安藤昌益全集　第一二巻』二八四頁

どうだろう、昌益の考え方は現代の考え方からすると、ちょっと非科学的な部分もあるよね。これをそのまま受け止めることは難しいかもしれないけれど、現在の地球を取り巻く気候変動問題は、結局のところ、人間がより便利な暮らしをしたいために、より多くのエネルギーを使い、たくさんのゴミを出し続けている人間の欲望が原因だと、昌益なら言うだろう。わたし自身もそう思っている。もちろん、地震や火山の噴火も人間の欲望が原因で起きているのかというと、そうではないだろう。

昌益が考える世界は、宇宙（大宇宙）と人間（小宇宙）がつながった世界だから、天災はすべて人災になるのだと考えるのだと思う。

時空を超えて平和（浄土《じょうど》）を考える——抜苦《ばっく》与楽《よらく》あまねく皆平等なり

最後に、第二次世界大戦から八〇年を迎えるこの年に、平和について「東北」の人びとはどんなことを願っていたのかをふり返ってみよう。

岩手県平泉町《ひらいずみちょう》には、中尊寺《ちゅうそんじ》がある。中尊寺金色堂《こんじきどう》と言えば、きみは聞いたことがあるだろうか。来年（二〇二六年）、中尊寺は建立《こんりゅう》九〇〇年目を迎える。九〇〇年前、藤原清衡《ふじわらきよひら》が中尊寺の建立をお祝いしたときに「中尊寺建《こん》立《りゅう》供養願文《くようがんぶん》」が唱導《しょうどう》された。長い文章なので、とても有名な一節を引用しよう。

二階《にかい》ノ鐘楼《しょうろう》一宇《いちう》
廿釣《二十きん》ノ洪鐘《こうしょう》一口《いっこう》ヲ懸《か》ク
右《みぎ》ニ、一音《いっとん》の覃所《およぶところ》、千界《せんかい》ヲ限《かぎ》ラズ、抜苦与《ばっくよ》楽《らく》、普《あまねく》皆平《みなびょう》等《どう》ナリ。官軍夷虜《かんぐんいりょ》ノ死《し》スル事《こと》、古来幾多《こらいいくた》ナリ。毛羽鱗介《もううりんかい》ノ屠《と》ヲ受《う》クルモノ、過現無量《かげんむりょう》ナリ。精魂《しょうこん》ハ皆《みな》、他方《たほう》ノ界《かい》ニ去《さ》リ、朽骨《きゅうこつ》ハ、猶《なお》モッテ此土《このつち》ノ塵《ちり》トナル。鐘聲《しょうせい》ノ地《ち》ヲ動《うご》カス毎《ごと》ニ、冤霊《えんれい》ヲシテ、浄刹《じょうさつ》ニ導《みちび》カサシメン。

（訳）

二階建ての鐘楼一棟の中に二十釣の洪鐘をひとつ奉納しました。
この鐘の音は、世界のあらゆる所に響《ひび》き渡り、苦しみを抜き、楽を与え、生きとし生けるものすべてにあまねく平等に響くのです。官軍もエミシも、古来より多くの命が失われました。そして、毛を持つ獣、羽ばたく鳥、鱗《うろこ》を持つ魚も数限りなく殺されて来ました。命あるものたちの魂は、今あの世に去り、骨も朽《く》ち、いまでは土に還《かえ》っていますが、鐘の音が地に響くたびに、思いを残しながら命を奪われたものたちの御霊《みたま》を慰《なぐさ》め、極楽浄土《ごくらくじょうど》に導きたいと願うのです。

古代における東北支配のはじまりは、歴史学のなかでも明確にわかっているわけではない。けれども「東北」に暮らしていた人びとが、大和政権に服属《ふくぞく》しない者とされ、度重《たびかさ》なる抑圧《よくあつ》を余儀《よぎ》なくされたのは、少なくとも古代から鎌倉時代までの三百年は超えるだろうと考えられる。だから、中尊寺建立供養願文に書かれた「官軍夷虜ノ死スル事、古来幾多ナリ」とは、古い時代から何度何度も戦が起こり、数をも知れない朝廷側の兵士と東北側の兵士が死んでいったことを物語っている。

そして、ようやく東北戦争が終結したとき、藤原清衡が長い長い戦後復興の事業として中尊寺を建立し、平和の願いを込めたのだ。

少し解説をしよう。

奥州《おうしゅう》藤原氏の初代である清衡は、父親が藤《ふじ》原経清《わらつねきよ》（中央の藤原氏の系譜）であり、母は有《ある》加一乃末陪《かいちのまえ》で、安倍頼時《あべのよりとき》の娘といわれている。安倍一族は、奥六郡《おくろくぐん》（現在の岩手県一帯）の俘囚長《ふしゅうちょう》だったから、清衡のお母さんは、当時の考えからするとエミシ（東北の先住民）ということになる。つまり、藤原清衡は、中央の藤原氏の父と東北エミシの母を持って生まれた。きみは、このことの意味が分かるだろうか。そして、この複雑な出自《しゅつじ》が、清衡の一生を左右することにもなった。

前九年《ぜんくねん》の役《えき》（一〇五一年－一〇六二年）で、母方の安倍一族は滅亡《めつぼう》し、清衡の実父である経清も安倍氏側に立ったことで、当時の陸奥守《むつのかみ》将軍源頼義《みなもとのよりよし》から強いうらみを買い、源側についた出羽《でわ》（山形と秋田一帯）の豪族であった清原氏によって残酷《ざんこく》な殺され方をしている。それだけでなく、前九年の役敗北後、母の有加は、敵将の清原氏に再び嫁入りすることになり、清衡は多感な時期に、藤原姓から清原清衡を名乗ることになった。母方の一族を滅亡に追いやり、そして実父を惨殺《ざんさつ》した清原氏の養子になるというのだから、あまりにも残《ざん》酷《こく》なこども時代を送ることになったのだ。そして、母は、かつての敵である清原武貞《きよはらのたけさだ》とのあいだに弟の家衡を産むことになった。（安倍氏と清原氏はそれぞれ、東北地方出身の俘囚長なので、どちらもエミシの系譜ということになり、弟の家衡《いえひら》はエミシの血を引く正統な後継者《こうけいしゃ》ということになる。）

しかし、それでも清衡の悲劇は終わらなかった。やがて、清原家のお家騒動《いえそうどう》（後三年の役）が起き、あろうことか、弟の家衡は、清衡の家屋敷を焼き、妻と子らを殺害してしまった。清衡は、源義家《みなもとのよしいえ》に援軍《えんぐん》を頼《たの》み、家衡を討《う》ち、清原氏が滅亡し、奥六郡は清衡の所領《しょりょう》となり、清衡は清原氏から藤原氏へ名前を変え、元の藤原清衡となって、長い戦争の時代を終えて奥州藤原氏の初代となる。

あくまでも藤原清衡の視点からざっくりと前九年の役、後三年の役について追ってみたけれど、実際にはもっと複雑な出来事なので、調べてみてほしい。

はじめの「中尊寺建立供養願文」にはなしを戻そう。

中尊寺を建立し、奥六郡の平泉を浄土——つまり、平和な国——にしたいと心から願った清衡の気持ちとはどのようなものだったろう。中尊寺の鐘楼《しょうろう》をゴーンと鳴らすたびに、その鐘の音がどこまでも、どこまでも響きわたって、生きとし生けるものすべてが浄土（平和）に包まれてほしい。清衡だけでなく、平泉、そして東北が大事にしてきた願いだ。

　二〇二五年の今日も、世界の戦争は終わらない。こんな時代に、清衡の願いを何度でもふり返ろう。そして、鬼剣舞《おにけんばい》や鹿踊《ししおど》りが、豊かな表現によって、生きとし生けるものたちの供養《くよう》をつづけてきたことも、東北の大事な宝物だ。どんなに過酷《かこく》な時代のなかでも、生き抜いてきた人びとがいる。迷《まよ》った時には、いつでもおいで。

　東北は、きみを待っている。

二〇二五年一月　山内明美

参照文献

・『安藤昌益全集　第二巻』農山漁村文化協会、一九八四年。
・『安藤昌益全集　第十巻』農山漁村文化協会、一九八五年。
・『安藤昌益全集　第十二巻』農山漁村文化協会、一九八五年。
・『平安　藤原朝隆　中尊寺建立供養願文（模本）南北朝　北畠顕家　中尊寺建立供養願文（模本）』二玄社、一九七八年。

＊なお、現代語訳については、文献を参照しつつ、筆者が適宜変更を加えている。

山内 明美（やまうち・あけみ）一九七六年、宮城県南三陸町生まれ。宮城教育大学教育学部准教授。専攻は歴史社会学、社会思想史。著書に『痛みの〈東北〉論――記憶が歴史に変わるとき』（青土社）。共著に『「辺境」からはじまる――東京／東北論』（明石書店）『岩波講座 現代 第四巻グローバル化のなかの政治』『ひとびとの精神史 第三巻 六〇年安保――一九六〇年前後』（いずれも岩波書店）『忘却の野に春を想う』（白水社）などがある。

管 啓次郎（すが・けいじろう）一九五八年愛媛県生まれ。明治大学〈総合芸術系〉教授。詩人、比較文学研究者。主な著書に『狼が連れだって走る月』（河出文庫）『エレメンタル』（左右社）。共著に『サーミランドの宮沢賢治』（白水社）など。詩集に『数と夕方』（左右社）など。訳書に『第四世紀』（グリッサン、インスクリプト）ほか多数。

増補新版　こども東北学

2025年2月10日　初版第1刷発行

著　者　山内明美

発行者　堀江利香

発行所　株式会社　新曜社
101-0051　東京都千代田区神田神保町3-9
Tel: 03-3264-4973　Fax: 03-3239-2958
e-mail: info@shin-yo-sha.co.jp
URL: https://www.shin-yo-sha.co.jp/
よりみちパン!セ®
YP16

装画・挿画　100% ORANGE ／及川賢治

ブックデザイン　祖父江 慎＋根本 匠（cozfish）

印刷・製本　中央精版印刷株式会社

Printed in Japan ISBN 978-4-7885-1867-4 C0095

谷川《たにかわ》俊太郎《しゅんたろう》さんからの四つの質問《しつもん》への山内明美《やまうちあけみ》さんのこたえ

「何がいちばん大切ですか？」

んだなぁ。むずがしぃ質問だなぁ。自分や誰かを深く信じる気持ちかなぁ。

「誰がいちばん好きですか？」

いっぺぇいで、ひとりに決められね。今日いじばん好ぎだど思っても、明日は違うがもしれねし、とってもひとりさ決められね。なんだがおしょすくて、こんなどごさ書がいねっちゃ。

「何がいちばんいやですか？」

こどものころ、いだずらして、蔵さ入れられだ時、嫌んだがった。泣いでも騒いでも、さっぱりだれも来てけねくて、蔵の中真っ暗くて、ネズミのガリガリって音はするし、らずもねおっかなくて、ほんとに嫌んだがった。んでも、なんぼしても、いだずらもやめられねがった。

「死んだらどこへ行きますか？」

んだなぁ。どごさ行ぐのがなぁ。ふわふわどどござが飛んでいぐんだいが？　土の中でねぇが？　花の養分さでもなるんでねぇが？